PROCURATORIAL STUDY

# 检察研究

江苏省人民检察院◎组织编写　　编委会主任◎刘华　　2020年 · 第4辑

法律出版社
LAW PRESS · CHINA

# 目录 Contents

## 主题研讨



## 法学专论



## 检察实务

## 会议综述



## 书 评

# 主题研讨

# 《民法典》合同编主要修改内容解读

郑文海*

**摘要:**《民法典》合同编是在《合同法》《担保法》等法律、司法解释基础上编纂而成的,以鼓励交易为宗旨,坚持自愿原则兼顾多元价值,坚持问题导向并凸显时代特征,维护交易安全,完善基本制度,创新体例结构。总体内容有相当部分的修改,对通则、保证合同、运输合同、技术合同和合伙合同等进行了实质性修改,增加了按份责任和连带责任、保理合同、物业服务合同、无因管理、不当得利等方面的新规。《民法典》合同编明确了六种类型合同行为的效力。

**关键词:**民法典　合同编　合同效力

2020年5月28日,《中华人民共和国民法典》(以下简称《民法典》)由第十三届全国人民代表大会第三次会议表决通过,自2021年1月1日起施行。《民法典》共1260个条文,除附则中的第1259条、第1260条外,其余1258个条文分布在《民法典》的总则编、物权编、合同编、人格权编、婚姻家庭编、继承编和侵权编。其中,合同编526条,几近半壁江山。

## 一、《民法典》合同编修改概述

### (一)前后条文变化

《民法典》合同编共3个分编、29章、526条。该编大部分法条从《合同法》承袭或修

---

* 郑文海,江苏省人民检察院第六检察部三级高级检察官。

改而来。

首先,有 120 个法条完全沿用了《合同法》的规定,占合同编法条总数的 22.8%。

其次,有 336 个法条系根据《合同法》《担保法》《合伙企业法》等法律以及《最高人民法院关于审理买卖合同纠纷案件适用法律问题的解释》等相关司法解释的规定修订而来,其中 224 个法条为非实质性修改,如标点符号、文字表述、法条引用的修订或调整,占合同编法条总数的 42.6%;112 个法条系实质性修订,占合同编法条总数的 21.3%,主要集中于通则编、保证合同、运输合同、技术合同以及合伙合同等章节。

最后,有 70 个条文系《民法典》新增,占合同编法条总数的 13.3%,主要涉及通则分编中关于债的按份责任与连带责任的规定、典型合同分编中关于保证合同、保理合同、物业服务合同和合伙合同等新增典型合同的规定以及准合同分编中无因管理与不当得利的具体规则等。

(二)立法宗旨——鼓励交易

2020 年 5 月 2 日下午,习近平总书记在主持十九届中共中央政治局就"切实实施民法典"进行集体学习时强调,"民法典是一部体现对生命健康、财产安全、交易便利、生活幸福、人格尊严等各方面权利平等保护的民法典"。其中的交易便利,就是《民法典》合同编的立法宗旨,《民法典》合同编的条文都自始至终地贯彻鼓励交易的立法宗旨。

《民法典》从第 463 条至第 988 条的 526 个条文属于合同编的内容。但从法律适用的角度来看,调整合同关系的法律规则,在《民法典》中并不仅仅局限于这 526 个条文。如《民法典》第 508 条规定:"本编对合同的效力没有规定的,适用本法第一编第六章的有关规定。"即关于合同的效力认定,如果合同编第三章没有规定的,适用《民法典》总则编第六章关于民事法律行为效力的基本规定和有关附条件、附期限的民事法律行为的规定,它们亦是属于调整合同关系的法律规则。

再如,《民法典》物权编中绝大多数的用益物权和担保物权都是通过合同行为设定,其中包含很多调整合同关系的法律规则。在婚姻家庭编乃至继承编、人格权编中也有很多调整合同关系的法律条文。如《民法典》人格权编第 1007 条第 1 款规定:"禁止以任何形式买卖人体细胞、人体组织、人体器官、遗体。"该款是特别典型的效力性的强制性规定。第 1007 条第 2 款同时规定:"违反前款规定的买卖行为无效",此类条文其实也是调整合同行为的法律规则。

由此看来,在《民法典》的 1260 个条文中,调整合同关系的规则占据半壁江山的说法可能有些谦虚了,由此亦可见,调整合同关系的规则在《民法典》当中占据着重要地位。《民法典》如此布局,有其现实的社会与生活基础,鲜明地标明我们已经进入了契约时代。

《民法典》合同编中所有的规则设计都尽可能地促成合同关系的成立;让成立的合同尽可能地成为生效的合同,让生效的合同中的债权尽可能地得以圆满实现。这样的目的实现了,交易便利才能成为现实,鼓励交易的宗旨才能真正得到实现。

## 二、合同编的重大发展与创新

### (一)结合实际,创新体例结构

合同编规定的内容比较丰富,既包括合同的一般性规则,也包括多种典型合同的特殊规则,还包括无因管理和不当得利的规则,如何将这些内容有机融合在一起,既体现合同编本身的体系性和逻辑性,又便于理解和使用,是合同编编撰首先需要解决的一个重大问题。《民法典》对合同编的体例结构作了重大调整和创新。

1. 制定合同编通则。第一个创新是以合同编第一分编“通则”代行债法总则的功能。《民法典》第 468 条规定:“非因合同产生的债权债务关系,适用有关该债权债务关系的法律规定;没有规定的,适用本编通则的有关规定,但是根据其性质不能适用的除外。”该规定让合同编通则具有巨大的包容性,实质上发挥着债法总则体系的整合功能。

2. 设置“准合同编”。第二个创新是设置第三分编“准合同”,规定无因管理和不当得利制度,除了立法技术上的考虑,还因为无因管理和不当得利制度与合同制度具有相对密切的联系。

3. 充实典型合同类型。作为典型合同加以规定的合同类型,须同时满足合同的典型性、问题的特殊性、规则的可抽象性、规则的缺失性。结合我国的实际,合同编最终增加了保证合同、保理合同、物业服务合同和合伙合同。

### (二)坚持自愿原则,兼顾多元价值

1. 加强对弱势当事人的保护。第一,增加缔约制度;第二,完善格式条款制度;第三,赋予承租人优先承租权;第四,增加不可撤销的赠与合同情形。

2. 强调诚信原则。合同编突出强调诚信原则,进一步强化合同信守。《民法典》第 465 条规定:“依法成立的合同,受法律保护。”第 509 条规定:“当事人应当按照约定全面履行自己的义务。当事人应当遵循诚信原则,根据合同的性质、目的和交易习惯履行通知、协助、保密义务。”

3. 落实“绿色原则”,体现生态环保理念。《民法典》第 509 条第 3 款规定:“当事人在履行合同过程中,应当避免浪费资源、污染环境和破坏生态。”这与《民法典》第 9 条“民事主体从事民事活动,应当有利于节约资源、保护生态环境”的规定前后呼应,一脉相承地体现生态环保理念。

### (三)坚持问题导向,体现时代特征

1. 增加关于电子合同的特殊规则。为了适应信息化和网络化条件下合同制度发生的新变化,合同编对电子合同订立和履行中的特殊规则作了专门规定:第一,电子合同的形式。《民法典》第 469 条第 3 款规定:“以电子数据、电子邮件等方式能够有形地表现所载内容,并可以随时调取查用的数据电文,视为书面形式。”第二,电子合同的订立。《民法典》第 491 条第 2 款规定:“当事人一方通过互联网等信息网络发布的商品或服务信息

符合要件条件的,对方选择该商品或者服务并提交订单成功时合同成立,但是当事人另有约定的除外。”第三,电子合同的履行。《民法典》第 512 条规定:“提供互联网等信息网络订立的电子合同的标的为交付商品并采用快递物流方式交付的,收货人的签收时间为交付时间。电子合同的标的为提供服务的,生成的电子凭证或者实物凭证中载明的时间为提供服务时间;前述凭证没有载明时间或者载明时间与实际提供服务时间不一致的,以实际提供服务的时间为准。电子合同的标的物为采用在线传输方式交付的,合同标的物进入对方当事人指定的特定系统且能够检索识别的时间为交付时间。电子合同当事人对交付商品或者提供服务的方式、时间另有约定的,按照其约定。”

2. 增加预约合同制度。预约合同在房屋买卖、货物订购等领域已广泛运用,亟须规范。基于此,《民法典》第 495 条第 1 款规定:“当事人约定在将来一定期限内订立合同的认购书、订购书、预订书等,构成预约合同。”该规定发轫于《最高人民法院关于审理买卖合同纠纷案件适用法律问题的解释》第 2 条规定:“当事人签订认购书、订购书、预订书、意向书、备忘录等预约合同,约定在将来一定期限内订立买卖合同,一方不履行订立买卖合同的义务,对方请求其承担预约合同违约责任或者要求解除预约合同并主张损害赔偿的,人民法院应予支持。”合同中预约与本约的区别有两点:一是订立的目的不同,预约合同订立后,当事人目的的实现,还需要另外再签订合同。二是不履行的责任承担内容不同。《民法典》第 495 条第 2 款规定:“当事人一方不履行预约合同约定的订立合同义务的,对方可以请求其承担预约合同的违约责任”,该责任包括实际损失和机会损失。而违反本约,需要承担的是违约金和可得利益损失。

3. 完善客运合同的相关规定。近年来,客运合同领域面临不少问题,为维护正常的运输秩序,保护乘客在运输过程中的人身、财产安全,合同编运输合同章第二节第 815 条第 1 款规定:“旅客应当按照有效客票记载的时间、班次和座位号乘坐。”第 815 条第 2 款规定:“实名制客运合同的旅客丢失客票的,可以请求承运人挂失补办,承运人不得再次收取票款和其他不合理费用。”第 819 条规定:“承运人应当严格履行安全运输义务,及时告知旅客安全运输应当注意的事项。旅客对承运人为安全运输所作的合理安排应当积极协助和配合。”第 820 条规定:“承运人应当按照有效客票记载的时间、班次和座位号运输旅客。承运人迟延或者有其他不能正常运输情形的,应当及时告知和提醒旅客,采取必要的安置措施。”

4. 规范民间借贷。民间借贷领域中的乱象给国家的金融经济秩序和社会生活带来了多方面影响。基于此,合同编明确规定“禁止高利放贷,借款的利率不得违反国家有关规定”,“借款的利息不得预先在本金中扣除。利息在本金中扣除的,应当按照实际借款数额返还借款并计算利息”。

5. 完善保证方式推定的规则。自《担保法》实施以来,对其第 19 条保证责任承担方式一直就存在争议。[①] 这次修改了该规定,明确了保证责任。《民法典》第 688 条第 2 款规定:“当事人在保证合同中对保证方式没有约定或者约定不明确的,按照一般保证承担保证责任。”

### (四)强调交易安全,鼓励合同交易

1. 完善合同债权的保全制度。第一,完善了代位权的保全制度。扩大了代位权的客体范围;明确行使代位权的法律后果。第二,扩大了撤销权的适用范围,增加了放弃债权担保、恶意延长到期债权的履行期限、以明显不合理的高价受让他人财产,以及为他人的债务提供担保等情形。

2. 建立了合同性担保权利的登记制度。合同编“买卖合同”一章中第 641 条明确规定:“出卖人对标的物保留的所有权,未经登记,不得对抗善意第三人”;融资租赁合同一章中第 745 条规定:“出租人对租赁物享有的所有权,未经登记,不得对抗当事人”;在保理合同一章中第 768 条规定:“应收账款债权人就同一应收账款订立多个保理合同,致使多个保理人主张权利的,已经登记的先于未登记的取得应收账款。”

3. 完善保证合同规则。合同编在原《担保法》规定的基础上,单设保证合同一章,进一步完善了保证合同规则。

### (五)紧跟理论实践发展,完善重大合同制度

自《合同法》实施以来,理论界和实务界对合同法律制度领域的诸多重大问题进行了深入的探索研究,成果丰硕。在合同编编撰过程中,对这些成果进行了全面整理和系统研究,在此基础上对一些重要的合同制度作了修改完善。

1. 完善了第三人利益合同制度。合同编增加规定,法律规定或者当事人约定第三人可以直接请求债务人向其履行债务,第三人未在合理期限内明确拒绝,债务人未向第三人履行债务或者履行债务不符合约定的,第三人可以请求债务人承担违约责任;债务人可以向第三人主张其对债权人的抗辩。

2. 增加了情势变更制度。《最高人民法院关于适用〈中华人民共和国合同法〉若干问题的解释(二)》初步规定了情势变更原则,[②]本次《民法典》编纂,为了适应实践发展需求,合理保护受不利影响的一方当事人的利益,合同编吸收完善该司法解释规定,并在总结司法经验和借鉴国际通行做法的基础上,增加了情势变更制度,明确规定了情势变更制度的适用条件、法律后果等内容。

---

① 原《担保法》第 19 条规定:“当事人对保证方式没有约定或者约定不明确的,按照连带责任保证承担保证责任。”

② 《最高人民法院关于适用〈中华人民共和国合同法〉若干问题的解释(二)》第 26 条规定:“合同成立以后客观情况发生了当事人在订立合同时无法预见的、非不可抗力造成的不属于商业风险的重大变化,继续履行合同对于一方当事人明显不公平或者不能实现合同目的,当事人请求人民法院变更或者解除合同的,人民法院应当根据公平原则,并结合案件的实际情况确定是否变更或者解除。”

3. 完善了债权转让制度。根据理论发展和实践需要,合同编在原《合同法》规定的基础上,对债权转让制度作了进一步的补充完善:第一,对约定不得转让的债权作了区分处理。第二,完善了受让人取得转让债权和从权利的规则。第三,增加了债务人可以向受让人主张抵销的情形。

4. 完善了合同解除制度。第一,协调了因预期解除合同与因行使不安抗辩权解除合同之间的关系。第二,明确了行使解除权的期限。第三,完善了解除合同的程序。第四,明确了解除合同不影响权利人要求违约方承担违约责任的规则。

## 三、关于合同行为的效力类型

《民法典》对于合同行为的效力类型大致作了以下六种区分:

### (一)生效的合同行为

生效的合同行为主要在《民法典》合同编的第 502 条第 1 款,《民法典》总则编第 143 条、第 146 条的规定中。第 502 条第 1 款来自原《合同法》第 44 条第 1 款,但是又有相应的改变和调整。相同点在于均强调依法成立的合同自成立时生效。但《民法典》第 502 条第 1 款同时强调"法律另有规定或者当事人另有约定的除外。"即法律有特别规定,或者当事人有特别约定,就要按照法律的特别规定,或者是当事人特别约定来作出相应的判断。它主要是指依法成立,或者满足了合同的法定或约定生效条件的合同行为。

依法成立的判断标准,是依《民法总则》第 143 条规定的民事法律行为的三个生效条件:第一个生效条件与行为能力有关;第二个生效条件与意思表示有关;第三个生效条件主要与合法性有关,指的是意思表示要合法,不能违背公序良俗。

### (二)绝对无效的合同行为

绝对无效的合同行为在《民法典》总则编第 146 条第 1 款、第 153 条的规定中可见。此外,《民法典》合同编第二分编典型合同中也有此类法律规定,如第 705 条第 1 款规定的"租赁期间不得超过二十年。超过二十年的,超过部分无效"为合同部分条款无效。第 144 条规定:"无民事行为能力人实施的民事法律行为无效。"该条文的设计立法过程存在争议,最大的争议集中在如果无民事行为能力人所实施的合同行为是其纯获利益的,为什么不能认可合同行为的效力。在《民法典》编撰过程中,尽管有人主张应该对无民事能力人实施的民事法律行为效力无效的情形下有例外情形,但最终并未规定,这是因为有人主张《民法典》已经把无民事行为能力人的年龄标准从 10 周岁降到 8 周岁,即使没有例外条款,影响也不会很大。对于无民事行为能力人纯获利益的行为还可以解释为是其与其监护人所发生的合同行为,所以就算不作规定也不会有太多不良后果。

《民法典》第 146 条第 1 款规定"行为人与相对人以虚假的意思表示实施的民事行为无效",即双方虚假表示所实施的民事法律行为无效。需要注意的是,该条规定与《民法典》第 154 条所规定的"行为人与相对人恶意串通,损害他人合法权益的民事法律行为无效”是不同的。双方虚假的意思表示并不意味着双方恶意串通。双方恶意串通的意思表示,目的是损害他人应受法律保护的合法权益,与双方虚假意思表示有很大不同。

(三)相对特定第三人无效的合同行为

相对特定第三人无效的合同行为仅仅在和特定第三人的关系上不能主张合同行为的效力,但是在合同关系的当事人之间仍然可以主张合同行为的效力。特定第三人以外的其他人不能否认这种合同行为的效力。相对特定第三人无效的合同行为的典型体现,是《民法典》总则编第154条有关恶意串通的民事法律行为效力的规定。尽管相对特定第三人无效的合同行为不限于《民法典》第154条,但该条堪称一个示范性条文。第154条规定:“行为人与相对人恶意串通,损害他人合法权益的民事法律行为无效。”所谓“他人合法权益”,是指国家利益和社会公共利益之外的,他人应受法律保护的私人利益。但是否所有恶意串通损害他人应受法律保护的私人利益的民事法律行为或合同都应当认定为无效呢?还要看合法权益被损害的特定主体怎么认为。如果特定第三人对恶意串通损害其应受法律保护的权益不在乎,该民事法律行为依然可以生效;只有特定第三人在保护其合法权益不受损害的意义上,才能够左右民事法律行为的效力,这方符合特定第三人对合同效力的影响应当与保护其受法律保护的合法权益相适应。

如《最高人民法院关于适用〈中华人民共和国担保法〉若干问题的解释》第69条规定:“债务人有多个普通债权人的,在清偿债务时,债务人与其中一个债权人恶意串通,将其全部或部分财产抵押给该债权人,因此丧失了履行其他债务的能力,损害了其他债权人的合法权益,受损害的其他债权人可以请求人民法院撤销该抵押行为。”将债务人与一个债权人恶意串通损害其他债权人合法权益而签订的抵押合同认定为可撤销,而不是绝对无效。因此,对于恶意串通损害他人合法权益的民事法律行为的效力认定上,应当由合法权益被损害的第三人决定,这样才符合民法的自愿原则。

(四)无权处分与效力待定的合同行为

此次《民法典》编撰过程中删除了原《合同法》第51条无权处分合同效力待定的规定。原因在于无权处分行为影响合同义务的履行,不影响合同效力的发生,无权处分人如果无法交付标的物须承担相应的违约责任。《民法典》合同编第597条第1款规定:“因出卖人未取得处分权致使标的物所有权不能转移的,买受人可以解除合同并请求出卖人承担违约责任。”这是出于贯彻交易便利,或者说鼓励交易这一立法宗旨的考虑。当然,效力待定的合同在《民法典》中仍然存在。如无权代理行为,如果无权代理行为不构成《民法典》第172条所规定的表见代理,该代理行为通常是效力待定的。此时,无权代理行为的效力要依据《民法典》第171条和第503条的规定进行判断。此外,法人的法定代表人或者非法人组织的负责人超越权限订立的合同,如果不能满足第504条关于表见代理的构成要件,也是效力待定的。

(五)可撤销的合同行为

《民法典》第 147 条至第 151 条增加了可撤销合同的类型,包括:重大误解、欺诈、第三人欺诈、胁迫和第三人胁迫,以及利用对方的危困状态,或者利用对方欠缺判断能力情况下签订的合同,致使合同成立时显失公平。

(六)尚未完全生效的合同

尚未完全生效的合同行为是中国司法智慧的典型体现,集中表现在《民法典》第 502 条第 2 款。第 502 条第 2 款规定:"依照法律、行政法规的规定,合同应当办理批准等手续的,依照其规定。未办理批准等手续影响合同生效的,不影响合同中履行报批等义务条款以及相关条款的效力。应当办理申请批准等手续的当事人未履行义务的,对方可以请求其承担违反该义务的责任。"该条款确立了以下三个原则:

一是指根据法律和行政法规的规定,有些合同是应当办理批准等手续。这意味着法律规定的批准手续是合同的特别生效条件。该规定来自原《合同法》第 44 条第 2 款:"法律、行政法规规定应当办理批准、登记等手续生效的,依照其规定",并有所调整。

二是合同即使未经批准,不影响履行报批义务的条款和相关条款的效力。该规定来自《最高人民法院关于审理外商投资企业纠纷案件若干问题的规定(一)》(以下简称《外商投资企业司法解释(一)》)第 1 条第 2 款规定:"未经批准的合同,人民法院应当认定该合同未生效。当事人请求确认该合同无效的,人民法院不予支持。"这就意味着履行报批义务的条款和相关条款只要按照《民法典》第 502 条第 1 款规定就依法成立,只不过没有办批准等手续之前整个合同行为的效力还不能完全生效,有的生效,有的还没有生效,生效的条款是为了让整个合同行为能够完全发生效力。这是《民法典》创造的一种新的合同行为的效力。

三是履行报批义务等条款和相关条款生效的情况下,义务人如不履行报批义务须承担责任。该规定来自《最高人民法院关于适用〈中华人民共和国合同法〉若干问题的解释(二)》和《外商投资企业司法解释(一)》的相关规定。①

---

① 《最高人民法院关于适用〈中华人民共和国合同法〉若干问题的解释(二)》第 8 条规定:"依照法律、行政法规的规定经批准或者登记才能生效的合同成立后,有义务办理申请批准或者申请登记等手续的一方当事人未按照法律规定或者合同约定办理申请批准或者未申请登记的,属于合同法第四十二条第(三)项规定的'其他违背诚实信用原则的行为',人民法院可以根据案件的具体情况和相对人的请求,判决相对人自己办理有关手续;对方当事人由此产生的费用和给相对人造成的实际损失,应当承担损害赔偿责任。"《外商投资企业司法解释(一)》第 1 条规定:"当事人在外商投资企业设立、变更等过程中订立的合同,依法律、行政法规的规定应当经外商投资企业审批机关批准后才生效的,自批准之日起生效;未经批准的,人民法院应当认定该合同未生效。当事人请求确认该合同无效的,人民法院不予支持。前款所述合同因未经批准而被认定未生效的,不影响合同中当事人履行报批义务条款及因该报批义务而设定的相关条款的效力。"

# 论《民法典》情势变更制度之适用

刘合臻　孟　杰　王　林*

**摘要:**《民法典》合同编对情势变更制度进行了修改,引入了双方当事人的"再交涉义务",删除了"非不可抗力造成的"这一限定条件。在新冠肺炎疫情这一突发公共卫生事件背景下,依法运用情势变更制度妥善处理合同纠纷,维护经济生活法律秩序,具有重大的现实意义。对此,需要厘清情势变更与不可抗力、商业风险的差异,全面准确把握其适用条件,从而真正实现情势变更制度在维护交易秩序、平衡利益关系、保障实质正义等方面的价值功用。

**关键词:**民法典　合同　情势变更　疫情　法律适用

情势变更制度,是现代债法中关于合同之债效力的重要原则,是商事交易中解决因经济环境异常变动所造成的合同履行困难的一项重要法律制度。《民法典》对情势变更制度的修改,将会直接影响相关合同纠纷案件的处理。疫情背景下,运用情势变更制度妥善处理合同纠纷,维护经济生活法律秩序,不仅是社会非常情形下的必然要求,也是常态社会下市场经济高质量发展的必然要求。

## 一、我国情势变更制度的立法沿革

### (一)最早散见于司法政策文件中

20 世纪八九十年代,情势变更制度就已经多次出现在司法政策文件中。例如,最高人民法院 1986 年发布的《关于审理农村承包合同纠纷案件若干问题的意见》就承包合同的变更和解除问题,规定出现下列两种情况的,应当允许变更或者解除承包合同:一是订立承包合同依据的计划变更或者取消的;二是因国家税收、价格等政策的调整,致使收益

---

* 刘合臻,江苏省海安市人民检察院检察官助理;孟杰,江苏省海安市人民检察院检察官助理;王林,江苏省海安市人民法院法官助理。

情况发生较大变化的。又如，最高人民法院在(1992)第29号复函中指出，“由于发生了当事人无法预见和防止的情势变更……仍按原合同约定的价格……显失公平”，当事人可以变更或解除合同。再如，最高人民法院1993年发布的《全国经济审判工作会谈纪要》(法发〔1993〕8号)指出，由于不可归责于当事人双方的原因，作为合同基础的客观情况发生了非当事人所能预见的根本性变化，以致合同履行显失公平的，可以根据当事人的申请，按情势变更制度变更或解除合同。

(二)1999年制定首部《合同法》时未规定情势变更制度

1999年我国制定首部《合同法》时，全国人大法律委员会《关于合同法草案审议结果的报告》称，“关于情势变更制度，这是一个很复杂的问题……根据现有的经验，对情势变更难以作出科学的界定，而且和商业风险的界限也难以划清，执行时更难以操作，实际上只有在非常特殊的情况下才能适用情势变更制度，现在在合同法中作出规定条件尚不成熟。法律委员会经过反复研究，建议对此不作规定。”当年的《合同法》未规定情势变更制度，成为一个立法缺憾。

(三)2009年《合同法》相关司法解释中正式规定情势变更制度

为回应司法审判的现实需要，最高人民法院于2009年发布《关于适用〈中华人民共和国合同法〉若干问题的解释(二)》(法释〔2009〕5号)。该司法解释第26条确认，“合同成立以后客观情况发生了当事人在订立合同时无法预见的、非不可抗力造成的不属于商业风险的重大变化，继续履行合同对于一方当事人明显不公平或者不能实现合同目的，当事人请求人民法院变更或者解除合同的，人民法院应当根据公平原则，并结合案件的实际情况确定是否变更或者解除。”从而较为完整地认可了情势变更制度。为防止滥用，最高人民法院随后又专门发布《关于正确适用〈中华人民共和国合同法〉若干问题的解释(二)服务党和国家的工作大局的通知》(法〔2009〕165号)，要求对于确需在个案中适用情势变更制度的，应当由高级人民法院审核，必要时应报请最高人民法院审核。

(四)2020年颁布的《民法典》对情势变更制度进行了修改

2020年5月28日，我国首部《民法典》正式颁布，其中合同编对原先的合同法律规定进行了较大的修改，情势变更制度便是诸多亮点之一。《民法典》第533条规定：“合同成立后，合同的基础条件发生了当事人在订立合同时无法预见的、不属于商业风险的重大变化，继续履行合同对于当事人一方明显不公平的，受不利影响的当事人可以与对方重新协商；在合理期限内协商不成的，当事人可以请求人民法院或者仲裁机构变更或者解除合同。人民法院或者仲裁机构应当结合案件的实际情况，根据公平原则变更或者解除合同。”该条文对原先情势变更制度修改的亮点在于，将当事人重新协商程序作为司法介入的前置条件，同时删除了“非不可抗力造成的”这一限定条件，意味着不可抗力与情势变更不再是互斥的关系，在发生不可抗力事项的情况下，也可以适用情势变更制度。

## 二、情势变更与不可抗力、商业风险之辨析

### (一)情势变更与不可抗力

《民法典》第180条规定:"因不可抗力不能履行民事义务的,不承担民事责任。法律另有规定的,依照其规定。不可抗力是不能预见、不能避免且不能克服的客观情况。"不可抗力事件,一般表现为影响合同履行的灾难性事件,既包括自然力量,如地震、水灾、旱灾、暴风雪等;又包括社会异常行动,如战争、暴乱、军事封锁等。

长期以来,在司法适用中,情势变更与不可抗力的界分不明,造成了体系上的混乱,有的案件明明是以情势变更为案由,最后却适用了不可抗力进行判决,无法凸显情势变更独特的制度价值。实际上,不可抗力规则与情势变更制度并不存在互斥关系,也不存在相互比较的问题,因为这二者并非一个维度上的概念。不可抗力仅仅是一个原因或条件,根据具体情况的不同,其可能引发包括情势变更在内的不同法律后果。具体而言,不可抗力事项的发生,致使继续履行合同对于一方当事人明显不公平的,可适用情势变更制度;致使合同目的不能实现的,可适用法定解除制度;致使当事人一方违约的,可适用违约责任中的法定免责事由制度;致使当事人无法及时行使请求权的,可发生诉讼时效中止的效果。可见,不可抗力为因,情势变更、法定解除、违约责任、诉讼时效中止等皆可为果①。不可抗力条款是作为免责事由被引入《合同法》的,而情势变更制度是作为对合同拘束力的例外情形被纳入合同法体系之中的。两者在制度层面的功能区别明晰,在适用层面上亦当泾渭分明。由此可见,并不需要额外在情势变更条款中加入"非不可抗力"之词句对"情势"进行限定②。例如,由于自然灾害导致的合同无法履行,可按照情势变更的规定要求当事人先行协商,若无法达成一致,则法官可决定是否变更或解除合同,而在责任承担层面可引入不可抗力条款为依据令当事人免除责任。因此,《民法典》删除了"非不可抗力造成的"这一限定条件,是非常科学合理的,有利于提高司法实践中情势变更制度的适用率,防止其被不可抗力规则"越俎代庖"而沦为"僵尸条款"。

### (二)情势变更与商业风险

根据《民法典》第533条的规定,情势变更的适用前提必须是"不属于商业风险"的情况。商业风险,是市场主体在经济活动中,因对市场的不确定因素分析把握不足,造成经营失利而应承担的正常风险③。情势变更与商业风险有诸多相似性,容易混淆。实践中,为了维护合同的严肃性,防止交易关系的扭曲,应当从以下方面严格把握二者的界限。

1. 风险可预见性不同。情势变更的发生并非取决于经济规律,而是取决于变幻莫

---

① 参见王轶:《新冠肺炎疫情、不可抗力与情势变更》,载《法学》2020年第3期。

② 参见万方:《我国情势变更制度要件及定位模式之反思》,载《法学评论》2018年第6期。

③ 参见张建军:《情势变更与商业风险的比较探讨》,载《甘肃政法学院学报》2004年第2期。

测、纷繁复杂的社会环境,如国家相关政策的重大调整,对此当事人签约时无法预见,而且根据实际能力和当时的具体条件也根本不可能预见。就此意义而言,导致情势变更的风险是意外风险。商业风险是一种客观存在的正常风险,在当事人的预料范围之内,如物价的降浮、汇率的涨跌,等等。例如,当事人参与炒股票或期货等投机交易,因为这些都被公认为是具有高度风险的交易,故对于价格剧烈波动造成损失的,不得主张适用情势变更制度。

2. 主观过错不同。情势变更是在合同双方均无过错的情况下,因不可归责于双方当事人的重大变故所引起的,即使当事人尽了最大注意义务仍不可避免。情势的变更如果系法律上可归责于一方当事人的原因时,则该当事人应当承担因此而发生的损失,不适用情势变更制度。例如,因延迟履行债务或迟延受领而发生的情势变更,致合同当事人利益显失公平的,由于该情势变更的发生因当事人的过错而引起,故不适用情势变更制度。当事人能够或者应当预见到将会发生商业风险,但甘愿冒此风险或者抱有侥幸心理,由于存有主观过失而导致遭受损失的,故该损失应由其自行承担。

3. 价值目标不同。情势变更制度是作为“契约严守”的例外发展起来的,是对“契约严守”的修正。在情势变更的情况下,合同双方的对价关系被破坏,遂采用国家干预手段去排除显失公平的结果,重新平衡合同当事人的利益关系,是一种损益平衡机制。一旦被认定为情势变更,则意味着遭受不利益的一方当事人可请求变更或解除合同,使风险由对方承担或双方分担。对于商业风险,则应当坚持“风险自负”原则,这是“契约严守”原则在社会经济生活中的体现,也是交易得以进行的重要前提,有利于倒逼市场主体增强决策科学性、减少风险损失、提高经济效益,对增强市场活力具有积极作用。

## 三、《民法典》中情势变更制度的适用条件

根据《民法典》中情势变更制度的内涵要求,其适用条件可以归结为:

### (一)事实条件:须客观情势发生了异常变化

所谓情势,是指作为合同成立基础或环境的客观情况。例如,政治、经济和社会形势、行政管理措施等,都属于情势的范围。所谓异常变化,是指订立合同依赖的客观基础和环境发生了根本性变化,致使合同订立和存在的基础丧失。例如,由于战争引起严重的通货膨胀,就属于异常变化。

### (二)时间条件:客观情势变化必须在合同订立之后,履行完毕之前

如果情势变更在合同订立时已经发生,则当事人就会认识或者应当认识到这种发生的事实,此时的合同是以已经变更的事实为基础的,故不应允许当事人事后调整;而在合同履行完毕后,合同关系已经消灭,情势如何变化与合同无关。

### (三)主观条件:客观情势的变化须当事人不可预见且不可归责于当事人

所谓当事人不可预见,是指当事人对客观情势是否发生变化不能确定地预知。如果

在订约时能够预见,则应由其承担情势变更的风险。所谓不可归责于当事人,是指客观情势的变化与当事人无关。如果变化可归责于当事人,则应由当事人承担风险或违约责任。

(四)结果条件:客观情势的变化须导致履行合同将会显失公平

这是适用情势变更制度的实质性条件。对于何为"显失公平",暂且不宜统一规定一个具体比例,而应赋予法官一定的自由裁量空间,根据具体案情进行判定。这是由于,一方面,对于基数的比例很难确定一个科学合理的数字;另一方面,基数数额不同则会导致实际亏损数额大小将相差极大。[①] 但是,总体而言,在实际亏损数额很小的情况不宜认定为"显失公平"。[②] 例如,某项交易中,标的价款总额为 1000 元,因为情势变更导致其中一方当事人亏损 300 元,此时虽然损失占比高达 30%,但由于绝对数字并不大,依照一般社会观念,没有必要以显失公平来主张适用情势变更制度,从而避免该原则被无限制地滥用。

## 四、疫情背景下情势变更制度之司法适用

(一)重大突发疫情作为不可抗力,可能导致适用情势变更制度

新冠肺炎疫情的暴发给合同履行带来了超常规的障碍,大批合同违约纠纷案件的出现,困扰着司法实务部门,亟待完善相关的法律应对机制。2020 年 2 月 10 日,全国人民代表大会常务委员会法制工作委员会就疫情防控有关法律问题答记者问时指出,新冠肺炎疫情作为突发公共卫生事件,属于不能预见、不能避免并不能克服的不可抗力。这一观点表明,如果因疫情导致合同履行过程中情况发生重大变化,如因隔离、关停、人员流通限制而导致不能履行合同,则存在适用情势变更制度的空间。《最高人民法院关于依法妥善审理涉新冠肺炎疫情民事案件若干问题的指导意见(二)》(法发〔2020〕17 号)规定,对于防疫物资买卖合同、商品房买卖合同、施工合同、线下培训合同等具体的合同类型,可以"根据公平原则进行变更"。这一司法态度与《民法典》规定的情势变更制度异曲同工。

(二)特定情形下《民法典》有溯及力,当前即可适用新的情势变更制度

新冠肺炎疫情自 2020 年年初暴发,到目前已经进入常态化防控阶段。虽然《民法典》2021 年 1 月 1 日才正式实施,原则上"法不溯及既往",与疫情期间的民商事案件无涉,但也并非绝对,而是存在例外情况。根据《立法法》第 93 条的规定,法律原则上没有溯及既往的效力,但"为了更好地保护公民、法人和其他组织的权利和利益而作的特别规定除外"。该规定在刑法适用上表现为"从旧兼从轻"原则,即对发生在新法实施之前的

---

① 参见赵永巍、梁茜:《〈民法总则〉显失公平条款的类型化适用前瞻》,载《法律适用》2018 年第 1 期。

② 参见王德山:《情势变更制度中显失公平认定研究》,载《法律适用》2010 年第 11 期。

犯罪行为原则上按照旧法处理，但适用新法有利于被追诉人的则适用新法；但在民法的适用上，却缺乏统一的规则，新法是否有溯及力，需要根据案件具体情况进行分析。根据《全国法院民商事审判工作会议纪要》（法〔2019〕254 号）（俗称“九民纪要”）的精神，《民法总则》在三种特殊情形下可以溯及既往：（1）某一法律事实发生在《民法总则》施行前，但行为延续至《民法总则》施行后的，适用《民法总则》的规定；（2）某一法律事实发生在《民法总则》施行前，且行为没有延续至《民法总则》施行后，但当时的法律没有规定，而《民法总则》有规定的，适用《民法总则》的规定；（3）某一法律事实发生在《民法总则》施行前，行为没有延续至《民法总则》施行后，虽然当时的法律有规定，但《民法总则》的规定更有利于促进交易达成的，适用《民法总则》的规定。“九民纪要”作为最高人民法院发布的司法政策文件，可以成为判断《民法典》溯及力的重要依据。① 就情势变更制度而言，由于其在《民法典》颁布之前就已经有相关法律规定，但《民法典》的规定强调了双方当事人的协商义务，删除了“非不可抗力造成的”这一限定条件，显然更有利于促进交易达成，因此有可能符合上述第（3）项的内容而溯及既往，导致《民法典》规定的新的情势变更制度适用于目前的合同案件的审理。

## 五、处理情势变更合同纠纷案件之司法策略

受疫情影响，因情势变更导致的合同纠纷民商事案件数量激增，此类案件绝大多数是复杂案件而非简易案件，在事实认定和实体处理上都有较大难度。因此，一般不宜采用独任制，而应采用合议制审判，而且尽可能由审判委员会研究把关。在适用情势变更制度审理案件时，应当做到慎重适用、循序渐进、妥善处理。

第一，坚持谦抑立场，不能依职权直接适用。民法典合同编体现了意思自治的当事人主义，虽然对情势变更制度的规定是对合同自由的一种修正，其目的是实现合同正义，但如果允许法官依职权对合同的内容作变更，显然是对合同自治的干涉。因此，对于情势变更，法官应按照当事人的请求，根据公平和诚实信用原则并结合案件的实际情况进行确定，而不能依职权直接进行认定。

第二，尊重意思自治，可由当事人先行协商。《民法典》第 533 条引入了“再交涉义务”，可谓“克服合同僵硬的润滑剂”。在程序上，协商程序是适用情势变更制度的必经程序，即情势发生变更后，一方当事人首先应当与对方就合同的内容重新进行协商，只有协商不成时，才能通过法定程序向法院或仲裁机构提出适用这一原则的请求。情势变更制度在一定条件下干预合同利益平衡的同时，又要尊重意思自治，允许当事人根据新的情况进行磋商交涉，以变更或者重新缔结合同，能够实现效率目的，最大限度地避免对交易安全造成大的冲击。但即便如此，冗长交涉也可能产生难以承受的成本，因此，还有必要

---

① 参见刘贵祥：《〈民法典〉施行后如何正确处理新旧法律的衔接与适用》，载《法律适用》2020 年第 15 期。

明确再交涉义务的期限并强化对再交涉义务的指导。防止当事人恶意启动再交涉程序、拖延再交涉进程以逃避合同义务、破坏合同稳定性。①

第三，发挥司法能动，优先进行诉讼调解。情势变更后，双方当事人协商不成的，法官应当坚持调解优先的原则，积极拓展调解工作领域，不断创新调解方式，将调解工作贯穿于合同诉讼的全过程。在审理情势变更合同纠纷案件过程中，尤其是当民营企业遇到困难时，要重视发挥诉讼调解的作用，着眼从根本上化解矛盾纠纷，在依法、自愿的前提下，多做释法说理工作，努力争取案结事了，为有效促进企业复工复产、服务保障“六稳六保”创造良好的司法环境。

第四，注重利益平衡，依法妥善作出判决。若调解不成功时，应当结合案件的实际情况，根据公平原则判决变更合同或者解除合同。是变更合同还是解除合同，基于《合同法》鼓励交易的精神，变更合同应当以恢复双方当事人利益平衡促使双方继续履行合同为第一选择，只有在合同的继续履行已经变得没有意义或者双方当事人一致请求解除合同时，再考虑作出解除合同的判决。变更合同可以使合同双方的权利义务重新达到平衡，使合同的履行变得公正合理。变更可以对合同的主要条款进行变更，如合同标的物的变更、数额的增减、价格的调整、履行方式的变换等。如果变更合同尚不能消除双方显失公平的结果，就可以解除合同。解除合同的情形通常包括：在合同目的因情势变更而不能实现的，合同履行因重大变更而不可期待的，合同履行因重大变更而丧失意义的。

① 参见张素华、宁园：《论情势变更制度中的再交涉权利》，载《清华法学》2019年第3期。

# 《民法典》视野下夫妻共同债务的认定

何俊强　郝金帅*

**摘要:**在司法实践中,关于夫妻共同债务的认定与处理,长期以来存在较大争议,是民间借贷、离婚纠纷等案件审理中的疑难问题。为解决实践操作过程中产生的“夫债妻还”等不合理现象,平衡保护债权人利益和夫妻特别是未举债一方的利益,相关法律不断修改完善。《民法典》中夫妻共同债务有多种类型,对第1064条等条款进行分析,可以明确夫妻共同债务的认定标准以及举证责任分配,为司法裁判提供统一规则。

**关键词:**夫妻共同债务　《民法典》第1064条　举证责任分配

夫妻共同债务①认定是民间借贷、离婚纠纷等案件审理中的重点和难点问题。司法实践中,认定夫妻共同债务的法律依据主要是《中华人民共和国婚姻法》(以下简称《婚姻法》)及其相关司法解释。《中华人民共和国民法典》(以下简称《民法典》)自2021年1月1日起施行时,《婚姻法》同步废止,相关司法解释也将被有序清理。本文在对涉夫妻共同债务的相关规定进行梳理分析的基础上,着重分析《民法典》视野下的夫妻共同债务类型以及举证责任分配问题。

## 一、涉夫妻共同债务的法律依据变迁

涉夫妻共同债务的法律依据主要是2001年修订的《婚姻法》、2004年施行的《最高人民法院关于适用〈中华人民共和国婚姻法〉若干问题的解释(二)》(以下简称《婚姻法解释(二)》)、2017年施行的《最高人民法院关于适用〈中华人民共和国婚姻法〉若干问题

* 何俊强,江苏省苏州市相城区人民检察院第四检察部主任;郝金帅,江苏省苏州市相城区人民检察院检察官助理。

① 本文主要探讨的是夫妻关系存续期间因合同而产生的夫妻共同债务的认定问题,实践中还存在依据法律规定产生的其他种类的夫妻共同债务。

的解释(二)的补充规定》(以下简称《婚姻法解释(二)的补充规定》)、《最高人民法院关于依法妥善审理涉及夫妻债务案件有关问题的通知》(法〔2017〕48号)、2018年施行的《最高人民法院关于审理涉及夫妻债务纠纷案件适用法律有关问题的解释》(以下简称《夫妻债务纠纷司法解释》)以及2021年将施行的《民法典》。

(一)《婚姻法》及其司法解释中的夫妻共同债务

2001年修订的《婚姻法》涉及夫妻共同债务的规定是第19条第3款及第41条。严格来讲,这两个条文并非对夫妻共同债务认定的规定,第19条规定的是夫妻约定财产制,第41条规定的是夫妻债务清偿问题。究竟何为夫妻共同债务?似乎仅体现在第41条的"夫妻共同生活所负的债务"上,但对这句话的理解也存在争议。"夫妻共同生活"是指债务发生的期间,还是仅指债务发生的目的,并不明确。从整体上看,《婚姻法》对夫妻债务认定标准规定得不够明确具体,理论界和实务界对如何确定夫妻共同债务问题一直存有不同理解,且当时尚未出台相关配套司法解释,导致司法实践中出现了一些"假离婚,真逃债"的情况。

《婚姻法解释(二)》第24条明确了夫妻共同债务认定的裁量标准。该规定的出台有其时代背景,当时存在一些"夫妻恶意逃债,损害债权人利益"的现象,夫妻一方在欠下债务后,与另一方协议离婚,将家庭财产全部转移至夫妻另一方名下,导致债权人无法追回欠款。因此,这一规定的出台,目的在于遏制这一现象,维护市场交易安全,侧重保护债权人的利益。但这一规定在实践中却逐渐偏离了立法本意,产生了新的不平衡,加重了举债方及非举债方的举证责任。按照该规定,在婚姻关系存续期间,一方对外所产生的债务原则上都被认定为夫妻共同债务,这也就导致很多人在婚姻关系存续期间对外欠下大额债务,而其配偶根本就不知情,即便是离婚数年,依然需要承担偿还责任,且对债务数额毫无预估。更有甚者,离婚夫妻中的一方为达到转移财产的目的,与第三人恶意串通,制造虚假债务、非法债务,第三人作为债权人起诉后,人民法院往往会判令另一方承担连带清偿责任,导致另一方原本能分到的夫妻共同财产的份额相应减少。

2017年2月28日,最高人民法院发布了《婚姻法解释(二)的补充规定》以及《最高人民法院关于依法妥善审理涉及夫妻债务案件有关问题的通知》(法〔2017〕48号)两份文件,进一步表明了法院对虚假债务、非法债务持否定性评价的态度,对司法实践起到一定的积极作用。但是,关于夫妻共同债务认定标准、举证责任如何分配、如何平衡保护债权人利益和未举债夫妻一方的利益等问题,仍然没有得到全面解决。

(二)《夫妻债务纠纷司法解释》中的夫妻共同债务

2018年1月18日起施行的《夫妻债务纠纷司法解释》,就司法实践中争议较大的夫妻共同债务认定问题作出较为明确的规定。该司法解释进一步细化和完善了夫妻共同债务的认定标准,合理分配了举证责任,也对民事主体的交易行为起到一定的引导作用。

《夫妻债务纠纷司法解释》是在《婚姻法》基础上作出了更为详细的规定,修改了此前司法解释关于夫妻共同债务认定的规定，除了要求债务产生的时间需要在婚姻关系存续期间内，还需要夫妻共同的意思表示，或者是基于家庭日常生活所产生。因此，《夫妻债务纠纷司法解释》扭转了《婚姻法司法解释（二）》第 24 条关于婚姻存续期间债务原则上一律认定为夫妻共同债务的司法局面，增加了债权人的举证责任。如此一来，该规定合理保护了非举债配偶方的合法权益，能够有效平衡各方利益。

（三）《民法典》中的夫妻共同债务

2021 年 1 月 1 日起开始施行的《民法典》，其婚姻家庭编吸收了《夫妻债务纠纷司法解释》的规定。相关规定的位阶也就从“司法解释”提高到“法律”层面，再次明确了夫妻共同债务的范围与认定。从具体规定来看，除个别措辞外，《民法典》第 1064 条关于夫妻共同债务的认定完全吸收了《夫妻债务纠纷司法解释》的规定，即“夫妻双方共同签字或者夫妻一方事后追认等共同意思表示所负的债务，以及夫妻一方在婚姻关系存续期间以个人名义为家庭日常生活需要所负的债务，属于夫妻共同债务”以及“夫妻一方在婚姻关系存续期间以个人名义超出家庭日常生活需要所负的债务，不属于夫妻共同债务；但是，债权人能够证明该债务用于夫妻共同生活、共同生产经营或者基于夫妻双方共同意思表示的除外”。除此之外，《民法典》对《婚姻法》中涉及夫妻共同债务的规定也进行了吸收，《民法典》第 1065 条第 3 款对应《婚姻法》第 19 条第 3 款，《民法典》第 1089 条对应《婚姻法》第 41 条，但将其中“夫妻共同生活所负的债务”的表述修改为“夫妻共同债务”。

根据最高人民法院确定的司法解释集中清理原则，笔者认为，《民法典》生效后，涉及夫妻关系存续期间夫妻共同债务的法律依据将主要是《民法典》第 1064 条、第 1065 条第 3 款、第 1089 条以及《婚姻法解释（二）的补充规定》中的两个条款，其中《民法典》第 1064 条是关于婚姻关系存续期间夫妻共同债务认定的规定。值得注意的是，上文所述夫妻共同债务主要指的是夫妻关系存续期间的夫妻共同债务，而《婚姻法解释（二）》第 23 条规定的“债权人就一方婚前所负个人债务向债务人的配偶主张权利的，人民法院不予支持。但债权人能够证明所负债务用于婚后家庭共同生活的除外”，这是关于夫妻一方的婚前个人债务转化为夫妻共同债务的情形。

## 二、《民法典》视野下夫妻共同债务的类型

根据《民法典》第 1064 条的条文本义，关于夫妻共同债务，应当包括夫妻合意之债及家事代理之债。此外，有观点认为，除了上述两种夫妻共同债务的类型，还应当包括债权人善意之债。[①] 具体而言：

---

① 参见王礼仁：《怎样理解民法典中三种不同形态的夫妻共同债务》，载《人民法院报》2020 年第 8 期。

(一)夫妻合意之债

夫妻合意之债,是指夫妻协商一致共同借贷的债务。《民法典》第1064条第1款中夫妻共同签字或事后追认等共同意思表示所负债务与第2款中“基于夫妻双方共同意思表示”所负债务,属于夫妻合意之债。

夫妻合意之债,也就是通俗意义上所谓的“共债共签”,这也正是《婚姻法司法解释(二)》第24条适用多年产生诸多问题后催生的一种做法。根据意思自治原则、责任自负原则以及夫妻地位平等原则,男女结婚后不能否定夫妻双方的独立人格和独立民事主体地位,即使婚后夫妻财产共有,一方所负债务特别是超出了家庭日常生活需要所负的大额债务,也应当与另一方取得一致意见,或者用于夫妻共同生活,否则不能认定为夫妻共同债务。夫妻作为平等的主体,在婚姻关系存续期间,均有权知悉涉及婚姻家庭利益以及共同财产、共同债务的重要信息,在此前提下夫妻双方对共同财产、共同债务行使平等处理权,这是夫妻共同财产制下双方地位平等、享有平等处理权的应有之义。夫妻一方的知情权、同意权和决定权,关系地位平等、意思自治等基本法律原则和公民基本财产权利人格权利,应当优先保护。

虽然强调“共债共签”可能会使交易效率受到一定影响,但适当增加交易成本不仅有利于保障未举债夫妻一方的知情权、同意权和决定权,有利于保障交易安全,还可以减少事后纷争,从根本上提高交易效率,故“共债共签”原则与交易效率本质上并不矛盾。强调夫妻共同债务形成时的“共债共签”原则,具有引导民事商事主体主动规范交易行为、加强风险防范的深刻用意。这种制度安排,一方面,可以从债务形成源头上尽可能杜绝夫妻一方“被负债”现象发生;另一方面,也可以有效避免债权人因事后无法举证证明债务属于夫妻共同债务而遭受不必要的损失,对于保障交易安全和夫妻一方合法权益,都具有积极意义。

(二)家事代理之债

家事代理之债,是指夫妻一方因家事需要所负债务。家事代理之债又包括日常家事代理之债与重大家事代理之债。《民法典》第1064条第1款规定夫妻一方因日常家事需要所负的债务属于日常家事代理之债;第2款中规定夫妻一方虽然系超越日常家事代理权的重大借贷,但仍“用于夫妻共同生活、共同生产经营”的债务,则属于重大家事代理之债。

我国民法学界、婚姻法学界主流观点认为,婚姻为夫妻生活之共同体,在处理日常家庭事务范围内,夫妻互为代理人,享有家事代理权,这是婚姻的当然效力,夫妻因配偶身份关系的确立而依法当然享有此代理权。这种代理是基于法律的直接规定,而非当事人的约定,因而具有不同于一般委托代理的当然性和法律强制性。为保护债权人利益,夫妻因日常家事与第三人交往所为法律行为,视为夫妻共同的意思表示,并由夫妻另一方承担连带责任。

那么家庭日常生活包括哪些范围，据有关统计显示，我国城镇居民家庭消费种类主要分为八大类：分别是食品、衣着、家庭设备用品及维修服务、医疗保健、交通通信、文娱教育及服务、居住、其他商品和服务。可以参考上述八大类家庭消费的分类，根据夫妻共同生活的状态（如双方的职业、身份、资产、收入、兴趣、家庭人数等）和当地一般社会生活习惯予以认定。在司法实践中，要根据债务人的实际情况具体问题具体分析，综合判断家庭日常生活的标准，生活习惯不同、物价水平不同等都有可能影响具体判断。需要强调的是，家庭日常生活需要的支出是指通常情况下必要的家庭日常消费，主要包括正常的衣食消费、日用品购买、子女抚养教育、老人赡养、家庭成员医疗等各项费用，是维系一个家庭正常生活所必需的开支，立足点在于“必要”。例如，《最高人民法院关于人民法院审理离婚案件处理财产分割问题的若干具体意见》规定了夫妻为履行抚养、赡养义务等所负债务，应认定为夫妻共同债务，而一方未经对方同意，擅自资助与其没有抚养义务的亲朋所负的债务不能认定是夫妻共同债务。

而重大家事代理之债中的“用于夫妻共同生活、共同生产经营”又如何理解呢？也就是说，该债务显然已经超出家庭日常生活需要，但又确实用于夫妻共同生活、共同生产经营。

关于夫妻共同生活的范围。随着我国经济社会的发展，城乡居民家庭财产结构、类型、数量、形态以及理财模式等发生了很大变化，人们的生活水平不断提高，生活消费日趋多元，很多夫妻的共同生活支出不再局限于以前传统的家庭日常生活消费开支，还包括大量超出家庭日常生活范围的支出。这些支出系夫妻双方共同消费支配，或者用于形成夫妻共同财产，或者基于夫妻共同利益管理共同财产产生的支出，性质上均属于夫妻共同生活的范围。因此，夫妻共同生活包括但不限于家庭日常生活。

关于夫妻共同生产经营的范围。夫妻共同生产经营的情形非常复杂，主要是指由夫妻双方共同决定生产经营事项，或者虽由一方决定但另一方进行了授权的情形。判断生产经营活动是否属于夫妻共同生产经营，要根据经营活动的性质以及夫妻双方在其中的地位、作用等综合认定。

（三）债权人善意之债

实践中，有观点认为，除了上述两种夫妻共同债务的类型，还应当包括债权人善意之债。该观点认为，债权人善意之债，是指债权人主观上存在善意，对夫妻一方滥用家事代理权无法辨别，有理由相信属于家事借贷或夫妻合意借贷，并指出《民法典》中的债权人善意之债主要规定在下列条文中：

1.《民法典》第 1064 条的日常家事借贷。由于夫妻均有日常家事代理权，债权人无法辨别一方借贷属于滥用家事代理权，有理由相信属于家事借贷时，则构成债权人善意之债。

2.《民法典》第 1060 条第 1 款规定了夫妻之间均有日常家事代理权；第 2 款规定“夫

妻之间对一方可以实施的民事法律行为范围的限制，不得对抗善意相对人”，显然包括债权人善意之债。有观点认为，《民法典》第 1064 条第 1 款规定，“夫妻一方在婚姻关系存续期间以个人名义为家庭日常生活需要所负的债务”属于夫妻共同债务，实际上已经包括在《民法典》第 1060 条规定的内容之中，这里是再次加以强调。①

3.《民法典》第 1065 条的约定财产制中“相对人知道该约定的，以夫或者妻一方的个人财产清偿”。这实际上也包含相对人不知道该约定的，即善意债权人的债务，应当由夫妻共同财产清偿。

4.《民法典》中的夫妻合意之债也存在债权人善意之债。如第 1064 条第 2 款中的“基于夫妻双方共同意思表示”，应当包括债权人信赖基于夫妻双方共同意思表示的情形。此外，《婚姻法解释（一）》第 17 条也包括债权人善意之债。

对于《民法典》第 1064 条的规定，还有种分类观点认为该条规定了三类比较重要的夫妻共同债务，即基于共同意思表示所负的夫妻共同债务、为家庭日常生活需要所负的夫妻共同债务、债权人能够证明的夫妻共同债务。②

## 三、《民法典》视野下夫妻共同债务的举证责任分配

《民法典》中关于“夫妻共同债务的认定”虽然只有第 1064 条一个条文，但该条文与过去的司法政策相比，吸收融合了符合当下的社会现实和公众期待的规定，实现了债权人利益和夫妻中未举债一方利益的平衡保护，也有利于明确夫妻共同债务的举证责任分配。

笔者认为，根据《民法典》第 1064 条明确的夫妻共同债务认定规则，对某一债务是否属于夫妻共同债务的判断基本可以按照“三步走”的步骤：第一步，首先是共债共签以及一方虽未签字但事后追认这两种情形，可以直接推定为夫妻共同债务；如果无法直接推定则进入第二步，判断该债务是否为家庭日常生活需要所负，如果能够综合认定该债务符合债务人的家庭日常生活需要的标准，则应认定为夫妻共同债务；若仍然无法确定或者该债务明显超出家庭日常生活需要则进入第三步，也就是债权人能够证明用于夫妻共同生活、共同生产经营或者基于夫妻双方共同意思表示的可以认定为夫妻共同债务。可见，《民法典》第 1064 条确立的“三步走”的夫妻债务认定规则对应的相关举证责任难度明显是递进的。具体而言：

法律明确规定的举证责任基本分配规则是“谁主张，谁举证”③。在涉及夫妻共同债务的民事诉讼活动中，按照“谁主张，谁举证”的基本举证规则，债权人主张夫妻一方所举

① 参见石宏主编：《中华人民共和国民法典立法精解》（下），中国检察出版社 2020 年版，第 1412 页。

② 参见石宏主编：《中华人民共和国民法典立法精解》（下），中国检察出版社 2020 年版，第 1411 页。

③ 《民事诉讼法》第 64 条第 1 款规定：“当事人对自己提出的主张，有责任提供证据。”

债务为夫妻共同债务而要求夫妻双方共同偿还的，债权人对此负有举证责任，未举债一方对此否认的应提出反证。不同类型的夫妻共同债务举证责任分配不同，举证难度也有差别。但一个基本前提是，债权人应首先对基础的债权债务关系尽到举证责任。比如，债权人应出示《借条》《借款协议》等书面形式的借款合同，并且提供转账记录、现金收条之类的资金交付凭证，也就是表明借贷双方既存在合意也完成了资金实际交付，如此借贷关系才能成立生效。

（一）夫妻合意之债的举证责任分配

根据《民法典》的规定，夫妻双方共同签字的，或者只有一方签字，另一方事后追认的，应当认定是夫妻共同债务。“共债共签”的夫妻共同债务，无论是夫妻双方同时共同签字，或者夫妻一方先签字而另一方事后追认的补签字，都会产生借贷凭据上显而易见的双方签字外观，这类债务直接推定为夫妻共同债务，债权人无须举证。如果只有夫妻一方签字，而另一方未签字但事后明确追认的情况下，也可以将此类债务直接推定为夫妻共同债务。值得注意的是，夫妻未举债一方的事后追认需要明示且有凭证，如录音录像、聊天记录、短信、邮件、在催告函上签字、自己主动归还过部分借款、在相关调解书上签字、出具还款承诺书等等，否则一旦未举债一方在诉讼中矢口否认，债权人仍要承担“另一方事后追认”的举证责任。

此外，未举债一方若主张签名造假或者借贷关系不能成立等情况的，应提出反证。未举债一方若提出夫妻共同债务已经偿还，债权已经消灭的，应负举证责任。

（二）家事代理之债的举证责任分配

根据《民法典》的规定，夫妻一方以个人名义为“家庭日常生活需要”所负的债务，应当认定为夫妻共同债务。在处理日常家庭事务时，夫妻互为代理人。为保护债权人的利益，夫妻因家庭日常生活需要，向第三人所负的债务，视为夫妻共同的意思表示。

对于日常家事代理之债，原则上直接推定为夫妻共同债务。债权人只需要举证证明债权债务关系存在，债务符合当地一般认为的“家庭日常生活范围”即可，从而减轻了债权人的举证证明责任。举债人的配偶一方反驳认为不属于夫妻共同债务的，由其举证证明所负的债务并未用于夫妻共同生活。

对于重大家事代理之债，债权人的举证责任较重。要想证明该债务虽然超出债务人家庭日常生活需要，但系用于夫妻共同生活、共同生产经营或者基于夫妻双方共同意思表示，作为债权人而言，证明难度是相当大的。因此，从实践意义来看，此处强调债权人的举证证明责任，是为了促进债权人尽到谨慎注意义务，引导相关主体对于大额债权债务实行“共债共签”，体现从源头控制纠纷、更加注重交易安全的价值取向，也有利于强化公众的市场风险意识，从而平衡保护债权人和未举债夫妻一方的利益。

（三）债权人善意之债的举证责任分配

在司法实践中，要鉴别债权人主张债权人善意之债，存在较大困难，认定成立债权人善意之债证明标准较高。总体而言,认定是否属于债权人善意之债,应当坚持“小额从宽”“大额从严”原则。“小额从宽”,是指判断日常小额借贷中债权人是否善意,应当秉持从宽原则。因为日常借贷债权人识别一方借贷是否用于家庭需要难度相对大一些。日常借贷中的善意之债的认定,主要在于预防明显不是用于家事需要的违法或不合理借贷,堵塞大额漏洞,以免不合理的大额化整为零,通过小额转化为合法债务,使小额借贷成为大额借贷的“漏斗”。因而,对于小额借贷,只要债权人尽到必要注意义务,借贷没有明显不合情理的现象,一般可认定为善意借贷。而“大额从严”,是指判断夫妻一方大额借贷中债权人是否善意,应当秉持从严原则。债权人主张一方大额借贷共同承担责任时,首先要证明用于家庭需要,不能证明用于家庭需要时,则要证明有理由相信属于夫妻合意。而且“有理由相信属于夫妻合意”的证明,必须有具体事实证明,且达到高度可信程度,否则,不能认定为共同债务。

可以说,《民法典》所确定的关于夫妻共同债务的裁判规则,是对多年以来司法实践中关于夫妻共同债务认定规则的归纳和整合,并将该裁判规则提升到法律层面的地位,为未来司法实践提供了更加准确的法律适用指引,有利于司法裁判尺度的统一与规范。但可以预见的是,关于夫妻共同债务认定的争议并不会由于《民法典》的出台而消失,法律规定不可能事无巨细,完美无缺,有些争议问题或者模糊地带还有待新的司法解释进一步明确。

# 新时期建设工程施工合同效力问题探讨

侯康美　刘和海*

**摘要**：正确认定建设工程合同效力，首先需要判断适用的法律是否为效力性强制性规定。对于效力性强制性规定的最终识别要件在于是否损害社会公共利益。正确认定建设工程合同效力还需妥当遵循商事裁判理念解释合同约定内容。在无效合同的财产返还与费用结算时无效合同的损失不再仅限于信赖利益损失，也包括当事人因履行无效合同产生的损失。

**关键词**：建设工程合同　效力　无效合同　费用结算

随着我国城镇化建设的大规模推进，建筑市场得到了空前发展。与此相适应，建筑施工合同纠纷呈现出高发、多发态势，且当事人不服判的比例较高。为妥善处理建筑合同纠纷，促进建筑业高质量健康发展，笔者拟就《民法典》实施背景下建设工程合同效力认定及有关处理问题作一些讨论。

## 一、当前建筑合同纠纷概况

从建筑市场供需关系分析，施工企业很多，相互竞争激烈，承包方竞相压价恶性竞争不止。从合同纠纷分析，在签约阶段，施工企业相对弱势，但进场施工后，特别是接近竣工阶段，个别施工企业违背诚信原则，往往变得强势，以停工、怠工、延期交工、不交付施工资料等要挟发包人增加工程款，将施工过程变成承发包双方在市场博弈的过程。由于建筑市场缺乏优胜劣汰机制，很多施工企业违法违规受处理后改旗易帜又能重新承接工程。反映在诉讼中，施工合同履行方面，存在转包、违法分包、肢解发包违法行为；市场准入方面，存在以挂靠、联营、内部承包等形式，违反国家建筑市场准入规定，没有施工资质

---

* 侯康美，江苏省南京市栖霞区人民检察院副检察长；刘和海，江苏省南京市栖霞区人民检察院政研室主任。

或者超越本企业资质等级承揽建设工程；在招标投标管理方面，存在应当招标不招标，招标时设置不合理的条件限制，串标、围标，明招暗定，弄虚作假骗取中标，贿标，签订“黑白合同”等等。除此以外，抢工、不合理压缩定额工期、材料缺陷等也是影响工程质量的主要因素。

通过裁判文书网，以建设工程、工程款为案由进行检索，发现，2018 年 1 月 1 日—2020 年 12 月 15 日一审案件为 31 639 件，二审为 13 910 件，再审为 1414 件，占全部民事案件的 0.12%，其中二审、再审占一审案件的 48.4%。以人民检察院案件信息公开网数据显示，同期，人民检察院办理建设工程合同抗诉案件 986 件，占全部民事抗诉案件的 24%。建设工程合同纠纷在法院一审民事案件中所占比例并不大，二审、再审比例却接近一半，说明当事人不服裁判，上诉、申请再审、申请检察监督的比例很高。可见，建设工程合同裁判思路许多具体问题尚未形成共识，需要进一步研究探讨。

## 二、建设工程施工合同效力的认定问题

### （一）建筑业改革的背景

《国务院办公厅关于促进建筑业持续健康发展的意见》（国办发〔2017〕119 号）提出简政放权，优化资质管理，进一步简化工程建设企业资质类别和等级设置，减少不必要的资质认定等改革方向。对信用良好、具有专业技术能力、提供足额担保的企业，在其资质类别内放宽承揽业务范围限制。有序发展个人执业事务所，强化个人执业资格管理，推动个人执业保险制度。完善招标投标制度，加快修订《工程建设项目招标范围和规模标准规定》，缩小并严格界定必须进行招标的工程建设项目范围，放宽有关规模标准，防止工程建设项目实行招标“一刀切”。在民间投资的房屋建筑中，探索由建设单位自主决定发包方式。加快推行工程总承包，装配式建筑原则采取工程总承包模式。在民用建筑项目中，充分发挥建筑师的主导作用，鼓励提供全过程工程咨询服务。这份重要文件展示了建筑业未来发展方向，提出了淡化企业资质，强化个人执业资格，缩小招标范围，放宽有关规模标准等新理念，对建筑施工合同的效力认定影响深远。

### （二）FIDIC 土木工程合同文本

国际咨询工程师联合会 FIDIC 土木工程合同文本，包括：《土木工程施工合同条件》（红皮书）、《电气和机械工程合同条件》（黄皮书）、《雇主/咨询工程师标准服务协议书》（白皮书）、《设计建造与交钥匙工程合同条件》（橘皮书），并且经过多次修订，其一般条款、特殊条款，质量缺陷责任期，索赔责任，保修制度等对我国建筑业改革产生了显著的影响。FIDIC 尊重建筑师的主导地位，不同于我国建筑业目前采取的在施工现场设立项目经理部模式，因为项目经理部与施工企业之间是工厂与车间的关系，不是独立法人或者非法人组织，行为受限，不利于施工的决策和管理。FIDIC 合同为业主与承包商之间订立的土木工程施工合同，实行监理制，业主选择并全权委托工程师施行施工管理。

（三）有关资质许可问题

施工合同涉及的法律问题很多，从案由角度分析，诉由却很明确，施工方就是追讨工程款，发包方一般依据工程质量问题或工程拖期问题进行抗辩。如果是一般性的抗辩，抗辩旨在承包人请求支付工程款的条件没有成就；如果主张工程质量缺陷损失，属于发包人提出的反诉，旨在抵消吞并本诉请求。

建筑业关系公共安全，其市场准入、施工资质管理非常严格。建筑资质分为施工总承包资质、专业承包资质和施工劳务三个序列。

关于工程总承包合同。《民法典》第 791 条规定发包人可以与总承包人订立建设工程合同，也可以分别与勘察人、设计人、施工人订立勘察、设计、施工承包合同。发包人不得将应当由一个承包人完成的建设工程支解成若干部分发包给数个承包人。住建部《住房城乡建设事业“十三五”规划纲要》提出“大力推行工程总承包，促进设计、采购、施工等各阶段的深度融合”。工程总承包，是指勘察、设计、施工二类合同本是各自独立的合同，由总承包企业完成上述三项，或者其中的两项由一个施工企业完成，如 EPC 工程总承包（“施工—设计—体化”）。按照总承包负总责的原则，工程总承包单位在工程质量安全、进度控制、成本管理等方面负有主体责任。

关于专业技术分包合同。专业技术分包合同，是指工程总承包单位直接将发包总承包合同中涵盖的消防工程、电梯工程、煤气管线、强弱电工程等专业工程分包给具有相应施工资质的分包企业。

关于劳务分包合同。劳务分包，是指施工总承包企业或者专业承包企业将其承包工程中的劳务作业发包给具有劳务作业法定资质的企业完成。《最高人民法院关于审理建设工程施工合同纠纷案件适用法律问题的解释》（以下简称《施工合同司法解释》）第 7 条规定，具有劳务作业法定资质的承包人与总承包人、分包人签订的劳务分包合同，当事人以转包建设工程为由请求确认合同无效的，不予支持。劳务分包合同性质是施工合同，不是劳务合同或者劳动合同，不属于二次分包，属于合法分包行为。

因此，工程施工合同分为工程总承包合同、专业技术分包合同和劳务分包合同。法律禁止分包单位将其承包的工程再分包。《建筑法》第 29 条规定，施工总承包人必须自行独立完成工程的基础和结构建设。

关于实际施工人。实际施工人专指无效施工合同中实际投入人力的人。实际施工人，是《施工合同司法解释》设立的新概念，意在区分合法施工行为与违法施工行为。不具备施工资质的实际施工人借用有资质的建筑施工企业名义承揽工程的，其合同理应无效。

对于转包、违法分包、肢解发包三种违法形态是有关规制建设施工行为的法律、行政法规、司法解释所明令禁止的，因此签订的上述三种施工合同应当认定为无效合同。为进一步优化营商环境，增进市场活力，应进一步简化工程建设企业资质类别和等级设置，减少不必要的资质认定。对信用良好、具有专业技术能力、提供足额担保的企业,在其资质类别内放宽承揽业务范围限制,从源头上进一步压缩转包、违法分包、肢解发包违法行为的生存空间。

值得注意的是,《施工合同司法解释》第 7 条规定,具有劳务作业法定资质的承包人与总承包人、分包人签订的劳务分包合同有效。司法解释颁布实施以后,建筑市场上很多转包和违法分包行为被包装为劳务分包。实践中,不应该根据合同名称来定性,而应该根据合同约定的权利义务实质内容判断合同性质。一般来说,劳务分包是只允许做木工、焊工等 13 个工种的劳务,俗称"包清工",不允许携带大型施工机械设备进场,而转包是将整个工程(包括基础工程和结构工程)转给别人施工。

### (四)法律适用问题

一般来说,有关承包人资质管理及招标投标相关规定,应认定为管理性强制性规定,不直接影响合同效力。其理由:一是司法解释对强制性规定进行限缩解释。《最高人民法院关于适用〈中华人民共和国合同法〉若干问题的解释》(以下简称《合同法司法解释(二)》)第 14 条规定:《合同法》第 52 条第(5)项规定的"强制性规定",是指效力性强制性规定。从法律规定看,有关承包人资质以及招标投标的强制性规定,多体现为对承包人经营资格、招标行为的国家干预,限制行政管理对象不得为一定行为,而非否定该行为的效力。二是鼓励交易的需要。建设施工是商事交易,对此类合同纠纷宜遵循商事审判理念,鼓励交易自由,保护交易安全,充分尊重行为人之间的合意与自由选择,认定合同有效。三是诚信原则的要求。当前,建筑市场不规范,如果严格适用法律认定合同效力,大量合同都有效力瑕疵。恶意违约者可通过主张合同无效即可免除己方违约责任,如果认定合同无效,则守约方遭受不利益,造成当事人利益失衡,背离诚实信用原则。四是实践需要。施工纠纷中,当事人起诉时,多数合同已经实际履行了,从维护交易稳定和维护建筑市场秩序角度考量,也应稳妥认定合同效力,除明确规定合同无效的情形外,应依法维护合同效力,促进有效合同的履行。

笔者认为,正确认定建设工程合同效力,首先需要判断适用的法律是否为效力性强制性规定。如何认定某项规定是否为效力性强制性规定呢?可采取以下步骤:首先,是否法律法规明确规定违反该规定,将导致合同无效或不成立;其次,在法律法规没有规定违反该规定,将导致合同无效或者不成立的情形下,再判断是否违反该规定使合同继续有效将损害国家利益和社会公共利益。若违反该规定使合同有效有损社会公共利益,则是效力性规范;若仅仅损害当事人利益,则属于管理性规范。

因此,对于效力性强制性规定的最终识别要件在于是否损害社会公共利益。如果认定合同有效将损害社会公共利益,则该法律规定应认定为效力性强制性规定。《建筑法》第 26 条规定了资质许可制度,《招标投标法》第 3 条规定了招投标范围,体现的是对社会公共利益和国家利益的维护,均为效力性强制性规定。

正确认定建设工程合同效力还需要妥当遵循商事裁判理念解释合同约定内容。建设工程施工合同本质是当事人的商事交易行为，对合同效力的认定除关涉社会公共利益之外，还应考虑商事合同追求效率、创造财富的使命。商事合同的利益保护倾向于维护市场主体的正当权益以及市场交易的效益及秩序。在法律法规通过效力性强制性规定干预范围外，应当坚守意思自治，维护交易稳定，激发市场主体进行交易的活力。

## 三、具体类型化项下合同效力的认定

### （一）未取得有关许可的情形

建设工程一般需要取得土地、规划、施工等许可手续，但对于未取得相关许可是否影响施工合同效力的问题一直未达成共识。我们知道，建设工程规划许可是审查建设活动的合法性问题，土地和施工许可等并不直接针对建设活动本身是否合法的问题。因此，根据是否涉及地区整体利益的标准，如工程项目未取得建设工程规划许可证，则该工程系违法工程，双方签订的施工合同应认定无效。其他没有取得相关许可的情形，不影响施工合同效力。

### （二）企业内部承包的效力

建筑施工企业通常采用内部承包的生产组织形式，将工程分解交由内部职工或分支机构承包，内部承包人负责组织招聘工人完成指定工程量。结合建筑施工组织的特殊性与承包合同的特征，一般认为内部承包需具备如下条件：内部承包人只能是建筑企业内部工作单元或职工个人，内部承包人对具体工程项目组织施工建设，建筑公司对内部承包人工程质量、工艺技术、安全环保等方面加以管理、监督、考核，承包人自主经营、自负盈亏，向建筑公司上缴利润。实践中，常有通过签订虚假的内部承包协议方式掩盖工程转包、违法分包、借用资质等违法行为。应严格按照《建筑工程施工转包违法分包等违法行为认定查处管理办法（试行）》（住建部2014年8月4日）谨慎认定区分内部承包与转包、违法分包、挂靠等情形。

### （三）关于"黑白合同"的认定

黑白合同系指当事人就同一项目订立两份以上合同，但内容相异，一份对内，一份对外。《招标投标法》第46条规定："当事人另行签订的协议，不得背离中标合同的实质性内容。"处理"黑白合同"时，应注意以下问题：一是对外的合同往往不是其真实意思表示，而是为了达到某种特定目的，如避税等。二是谨慎区分背离合同实质性内容与依法变更合同行为。中标合同"实质性内容"，可以理解为合同工期、价款、工程量等中标通知书载明的内容。背离实质性内容，应当理解为违背诚实信用原则对上述中标合同实质性内容的变更，导致双方权利义务发生较大变化，不应该得到支持。三是应当保护当事人依法变更合同的权利。工程施工属于复杂商事行为，在履约过程中，因设计变更、建设工程规划调整、建材改变等客观原因，需要不断签订相关协议以推进合同的履行，因此发包人与承包人变更合同工期、工程价款等约定的,不应认定为变更中标合同的实质性内容。

## 四、关于无效合同的处理路径

《民法典》第 793 条规定,建设工程施工合同无效,但是建设工程经验收合格的,可以参照合同关于工程价款的约定折价补偿承包人。建设工程施工合同无效,且建设工程经验收不合格的,按照以下情形处理:修复后的建设工程经验收合格的,发包人可以请求承包人承担修复费用;修复后的建设工程经验收不合格的,承包人无权请求参照合同关于工程价款的约定折价补偿。发包人对因建设工程不合格造成的损失有过错的,应当承担相应的责任。

### (一)财产返还与费用结算

#### 1. 施工费用结算

首先,有关工程造价的基本问题。《建设施工合同司法解释》第 16 条规定,当事人对建设工程的计价标准或者计价方法有约定的,按照约定结算工程价款。合同价一般采用以下方式:固定价(合同总价或者单价在合同约定的风险范围内不可调整)、可调价(合同总价或者单价在合同实施期内,根据合同约定的办法调整)以及成本加酬金方式。与此相关的问题是定额。工程建设定额是指社会平均生产条件下,生产单位工程产品所必需的人工、材料、机具的数量标准。关于定额,在司法实务中我们需要把握对概预算定额调整考虑的因素,特别是根据概预算定额附表、分析表中各类工程材料、人工费、机械使用费等和工程所在地的实时工资标准、材料预算价格之间的差距计算出合理的价差调整系数。定额与工程类型相关,什么工程适用什么定额;间接费与直接费配套使用,间接费定额随直接费定额确定。定额是政府指导价,属任意性、选择性规范,个案适用和当事人约定时可以选择适用前些年定额标准,也可以选择不适用定额标准结算。由于合同各方市场地位的不同,施工合同一般适用标准相对较低的前期定额标准,而非当期定额,随行就市。

对工程造价产生影响的因素还有审计。此前,部分建设单位以未完成审计作为延期结算、拖欠工程款的理由。最高人民法院(2001)民一他字第 2 号请示案件电话答复意见认为,审计是国家对建设单位的行政监督,不影响建设单位与承建单位签订的施工合同效力。建设工程承包合同案件应以当事人约定作为法院裁判依据。只有在合同明确约定以审计结论作为结算依据或者约定不明、合同约定无效的情况下,才能将审计结论作为判决的依据。因此,合同未约定以审计结论作为结算依据的,遵从合同约定;合同约定以审计结论作为工程结算依据的,以审计结论作为工程结算依据,究其实质还是履行合同约定。

其次,对于一定时期内市场建筑主材、人工费等异常波动问题的处理。为合理确定工程造价保证工程顺利实施,各地政府一般会出台调整结算款的指导性文件。在材料、人工费等大幅波动，超出了承发包双方签约时所能够预见的范围时，施工合同对构成工程价款要素价格的风险范围、幅度有明确约定的，从约定；没有约定的，本着风险分担原则处理。法理上，价格变动、新的调价文件出台是否属于民法上的情势变更，能否适用《民法总则》中公平原则、诚信原则也有不同看法。通说认为，诚信原则不能作为裁判个案的准据法，个案应当适用《合同法》分则条文，分则没有规定的，适用买卖合同。建筑业不同于高投入、高产出、高风险的房地产业，性质是承揽合同，是微利行业。材料费、人工费等市场价格异常波动造成施工人低于成本承揽工程和经营，是违反《招标投标法》第 33 条规定的，也会引起社会不稳，涉及社会公共利益。此时，施工人可以行使撤销权，撤销或者变更合同约定的工程价款；对于采取固定价结算施工合同，符合政府调价文件约定的调价条件的，应当参照政府调价文件内容，予以适当调价。实践中，许多施工合同有关工程价款的约定内容是不明确的；或者虽约定明确，因设计变更影响工程量变化、施工工序变化、停窝工损失等原因，导致原约定内容不能适用。按照《合同法》第 61 条、第 62 条、第 64 条规定，工程结算约定不明的，或者约定明确，履行中，由于设计变更等原因导致原合同约定不能履行，合同当事人又未及时签订补充协议的，应当执行政府定价或者政府指导价（也应包含政府调整的指导价）。

最后，根据《民法典》和《建筑施工合同司法解释》的规定，建设工程施工合同被认定无效，建筑工程经竣工验收合格，承包人请求参照约定给付工程价款的，人民法院应予支持。也就是说，即使合同无效，工程价款还是可参照合同条款确定，这符合缔约当事人本意，容易被当事人接受，也避免大量合同启动造价鉴定程序，造成审限不必要延长，增加当事人诉累。但是，当因设计变更、工程量变更等情况导致工程量大幅改变，则施工合同不具有可参照性，不能参照合同约定。

2. 多份施工合同均无效情形下，工程价款的结算问题

针对同一建设工程，当事人签订的多份施工合同均无效，是否还可以参照合同约定结算工程价款？在多份合同均无效情形下，仍然可以参照合同约定确定工程造价。具体参照哪一份合同呢？最高人民法院（2011）民一终字第 62 号民事判决认为，案涉《建设工程施工合同》约定的价款并非双方当事人的真实意思，亦与工程实际造价差距巨大（该合同约定工程价款 79 150 668 元，工程实际造价 1.85 亿元），无法作为结算双方工程价款的参照标准。双方实际履行的《工程总承包补充协议》约定的工程价款数额，体现了双方当事人对工程价款一致的意思表示，作为结算工程价款的参照标准，更符合本案的实际情况及诚实信用原则。由此可见，当多份合同均无效情形下，首先要判断哪份合同为缔约双方真实合意并予以实际履行、工程价款大致符合工程造价的合同，然后参照该合同确定工程造价。

（二）履行无效合同产生的损失

依据民法原理，合同被认定无效，当事人承担缔约过失责任，赔偿对方信赖利益的损

失。该信赖利益的损失一般包括:在缔约过程中的花费、基于信赖合同能够签订、准备履行合同所产生的花费以及丧失缔约机会所造成的损失,但不包括履行无效合同产生的损失。但建设施工合同被认定无效时,多数合同已经得到实际履行。对于履行无效合同产生的损失能否得到支持,各地法律适用并不统一。通过"裁判文书网"检索"停、窝工损失索赔",发现判决均支持了实际施工人非因己方原因导致的停、窝工产生的损失赔偿的请求。另外,最高人民法院(2013)民一终字第 00001 号民事判决中,支持了发包人因实际施工人延误工期导致向购房人支付逾期交房违约金损失赔偿的请求。最高人民法院认为,建设工程施工合同被确认无效后,发包方与第三人签订的《房屋买卖合同》因逾期交房发生的违约损失,如果承包人在签订合同时或履行合同中已经或者应当知道该损失发生,且该损失与承包人的过错有因果关系,可以纳入无效合同过错责任赔偿范围。因此,最高人民法院在总结审判经验基础上,进一步明确了无效建设工程施工合同的损失范围及赔偿责任的问题。无效合同的损失不再仅限于信赖利益损失,当事人因履行无效合同产生的损失,亦可纳入损失范围。但该损失应当已经实际发生、该损失的发生与过错方的过错具有因果关系,过错方对损失的发生明知或可以预见。且具体赔偿责任需要结合过错方缔约及履约过错情况确定。

# 法学专论

## 检察机关融入市域社会治理若干问题的思考

王建国　周　剑　黄　奇*

**摘要**:积极融入市域社会治理是检察机关的担当与责任,市级检察机关作为市域区划的检察力量配置,应当在市域社会治理中发挥重要作用。如何融入、如何治理、如何更加彰显检察治理价值是检察机关探索谋划治理路径过程中必须思考解决的重要问题。当前,融入市域社会治理的关键在于融入"四大治理体系";开展治理的方式在于充分依托检察职能特征,针对性地破解治理中的重点难点问题;提升治理效能则需要切实转变理念、积极创新方式、不断强化能力。

**关键词**:市域　社会治理　市级检察机关　有机融合

推进国家治理体系和治理能力现代化是党和国家事业发展的全局性方针政策,习近平总书记在2019年1月的中央政法工作会议上强调:"要完善党委领导、政府负责、社会协同、公众参与、法治保障的社会治理体制,打造共建共治共享的社会治理格局。"检察机关作为国家的法律监督机关,承担着追诉犯罪,维护国家安全和社会秩序,维护个人和组织的合法权益,维护国家利益和社会公共利益,保障法律正确实施,维护社会公平正义等重要职责①,是社会治理体系中法治保障部分力量的主要来源之一,是共治格局中不可或缺的重要组成部分。

市域社会治理在国家治理体系中具有承上启下的枢纽作用,能够最直接、最有效地

---

* 王建国,江苏省常州市人民检察院副检察长;周剑,江苏省常州市人民检察院法律政策研究室主任;黄奇,江苏省常州市人民检察院法律政策研究室员额检察官。

① 参见《人民检察院组织法》第2条。

将风险隐患化解在萌芽、解决在基层,是国家治理的重要维度和基石,事关顶层设计落地落实,市域社会和谐稳定,党和国家长治久安①。为此,党的十九届四中全会审议通过了《中共中央关于坚持和完善中国特色社会主义制度、推进国家治理体系和治理能力现代化若干重大问题的决定》(以下简称《决定》),并明确了"构建基层社会治理新格局""加快推进市域社会治理现代化"等一系列重大目标任务。检察机关如何充分发挥作用,推动目标实现是当下的重要任务。为此,我们围绕检察机关融入市域社会治理的主体选择、路径选择、方式选择以及能效提升等重要问题进行深入思考。

## 一、市级检察机关应是融入市域社会治理的主体选择

### (一)以市级检察机关为主要主体是检察制度安排

张军检察长指出,"司法检察制度是国家治理体系的重要组成部分,检察机关落实、执行司法检察制度的能力是国家治理能力的重要方面,必须紧密结合实际思考研究如何以检察制度的发展完善和检察职能的充分履行,以检察自觉和检察担当助推国家治理体系和治理能力的现代化、国家法治体系和法治建设能力的现代化"。② 市级检察机关作为国家在市域范围内检察力量配置的具体形式,应当在市域范围内充分落实、执行检察制度的各项要求和任务,使检察制度的优势、价值、作用在市域范围充分发挥,为市域社会治理提供坚强的检察保障。

### (二)以市级检察机关为主要主体因其区划所属而定

市域社会治理由空间范围、行动主体、治理手段、治理目标四个基本要素构成,从行动主体角度观察,市域社会治理是市域范围内党委、政府、群团组织、经济组织、社会组织、自治组织、公民个人等多元行动主体,在党委领导、政府负责、民主协商、社会协同、公众参与、法治保障的社会体系基础上开展的一种社会行动。③ 市级检察机关本身属于市域社会治理行动主体之一,其检察长由市级人民代表大会选举产生,对市级人民代表大会及其常委会负责并报告工作,在地方党委的领导下履行检察职责,依法追诉惩治犯罪行为,依法开展法律监督,保障地方公正司法、严格执法,维护地方社会和谐稳定,服务保障地方经济发展大局。

### (三)以市级检察机关为主要主体也因其优势特征而定

市级检察机关在市域社会治理中具有显著优势。一是具有对应性优势。市域中行政区划的划分设置是其典型特征表现,也是开展治理最清晰的基本脉络和最有力抓手。在地方,检察机关在省、市、区(县)均分别设置了相应检察院,负责辖区内各项检察工作

---

① 参见陈一新:《推进新时代市域社会治理现代化》,载《人民日报》2018 年 7 月 17 日。

② 姜洪、刘立新:《以检察自觉检察担当助推国家治理体系和治理能力现代化》,载《检察日报》2019 年 11 月 14 日。

③ 参见陈成文:《市域社会治理现代化的理论蕴含与实践路向》,载《光明日报》2019 年 11 月 22 日。

的开展，与地方各级党委政府设置基本对应，而这一特征为地方各级检察机关融入所在辖区社会治理体系提供了结构性关系基础。二是具有相对独立性优势。市级检察机关在接受地方党委领导的同时，也必须接受上级检察机关的领导，执行上级检察机关的指令，在这种双重领导体制作用下，市级检察机关又相对独立于地方，因而在发挥监督作用方面具有独特优势。三是具有枢纽性优势。"所谓枢纽性，是指市域社会治理具有承上启下的枢纽作用，既是国家社会治理大政方针的执行者和落实者，又是基层社会治理的指导者和推动者。"①在检察系统内部，市级检察机关也同样既要贯彻落实最高人民检察院、省级检察院的各项政策要求和工作部署，也要在市域范围内，领导指挥各基层检察院履行检察职责，同时在对应性优势和独立性优势的共同作用下，市级检察机关也同样具有承上启下、贯通上下的枢纽性优势。

## 二、全面融入"四大体系"是实现有机融合的路径选择

市域不仅是国家按照行政建制设立的地市级行政区域，也是包含诸多利益主体开展诸多交流、交换、交往、生存等活动的人类生活的综合载体。因此，"市域社会治理是指以地级市的行政区域为范围，依靠党委政府、社会组织、企事业单位及其个人等主体，按照一定的秩序和规范参与社会活动，进行社会建设、完善相应体制机制并包括对辖区内的居民、事务、组织等进行管理和服务的过程或综合。"②所以，市域社会治理体系就是党委领导下政府和社会共建共治共享的制度体系，包括政治体系、自治体系、法治体系、德治体系等"四大体系"的一整套紧密相连、衔接协调的体制机制和制度安排。③ 因此，融入市域社会治理实质上就是全面融入"四大体系"。

第一，融入政治体系是根本。首先，必须坚持中国共产党领导。人类自身和人类社会具有多元性、复杂性和不稳定性特征，因而产生的矛盾、风险也必然形式多样，性质各异，无法通过"一刀切"的方式解决各类问题，因此，市域社会治理的主体、理念、方式等也必然表现出多元化特征，以便能针对性地解决问题。但如果多元主体没有主次、缺乏分工，多元理念相互冲突、缺乏统筹，多元方式交叉碰撞、缺乏章法，则必然是一盘散沙，最后的结果可能不是共治而是共乱。"政党存在的基本价值就是进行目标利益力量的整合。"④历史和经验告诉我们，在中国只有坚持中国共产党的领导，运用党的先进思想和理论武器，对多元治理力量进行统领、整合，才能保证我们始终沿着正确的方向推进市域社会治理现代化。因此，在市域层面，市级检察机关应当紧紧围绕地方社会治理大局实际

---

① 陈成文：《市域社会治理现代化的理论蕴含与实践路向》，载《光明日报》2019 年 11 月 22 日。

② 杨安、刘逸帆：《市域社会治理现代化研究：意义、原则、逻辑、框架和路径》，载《社会治理》2020 年第 5 期。

③ 参见陈一新：《新时代市域社会治理理念体系能力现代化》，载《社会治理》2018 年第 8 期。

④ 胡庆亮：《推进国家治理体系现代化的逻辑与理路：从党政二元一体到主体多元共治》，载《求是》2015 年第 9 期。

和地方党委政府工作重点，积极融入市域治理大局，为地方经济发展和社会安全稳定提供检察保障。其次，需要在地方党委统筹下，与其他治理主体积极达成共识，明确责任分工，优化资源配置，密切协作配合，努力实现同向“零夹角”合力，尽可能避免重复性治理和冲突性治理，减少资源浪费。

第二，融入法治体系是基础。优化市域社会治理法治体系，需要建设科学完备的市域法律规范体系，公正权威的市域法治实施体系，规范严密的市域法治监督体系，务实管用的市域法治保障体系。[①] 这是中央政法委陈一新秘书长关于新时代市域社会治理现代化论述的重要观点。上文已经提到，检察机关是国家法律监督机关，是典型的司法机关，通过依法行使检察权实现国家治理的功能。因此，在市域范围内依法追诉犯罪，监督制约权力，保障合法权益，确保公正司法，促进严格执法，推动依法决策是市级检察机关的本职工作、当然性义务。不仅如此，市域检察机关还应当积极推动法律规范体系建设，将检察履职过程中发现的社会治理漏洞、问题提炼汇总，以地方立法建议形式向市域范围的人大提出，促进地方立法完善；还应当积极参与法治保障体系建设，积极开展以案释法，落实“谁执法谁普法”责任，提供高质量检察服务保障，不断提高市域社会法治意识。否则，检察机关可能只是就案办案，就事论事，难以实现融入目标。

第三，融入自治体系是要件。市域社会治理中自治体系主要包括基层群众、企事业单位和社会团体的自治组织及其自治机制，该体系主要依靠自主自治力量，实现民事民议、民事民办、民事民管，建设人人有责、人人尽责、人人享有的社会治理共同体。“多元共治中的治理主体与客体是双向的，不管是行政机关、司法机关，抑或社会组织、企业、公众等应同为主体和客体”[②]，即所谓的双向治理机制。自治组织往往缺乏组织性、统筹性，难以凝聚合力，在防范抵御风险、化解矛盾纠纷方面的能力不足、专业性不强，自治组织既是治理主体，也是治理客体，往往需要通过与政府治理的良性互动，才能发挥其应有效能；反之亦然，政府在治理过程中也能吸取教训、总结经验、借鉴好的做法，实现自我完善，其治理价值也通过这一过程得到充分实现。因此，与自治体系有机衔接，形成良性互动是检察机关融入市域社会治理的必要条件。

第四，融入德治体系是必然。市域社会治理不仅应当着力破解已经发生矛盾问题，也应当积极防范各类未然。破坏社会和谐稳定的案件与事件往往由小矛盾、小摩擦不断激化发展而成，追溯源头起点，又可以发现这些不稳定因素常常来自道德失范的动机和行为，要消除这些消极不稳定因素，就需要深挖并消除这些源头性问题。德治是治身治心、治标治本的治理方式。因此，检察机关在司法办案的同时应当适当延伸，注重发现并解决案件中存在的深层次矛盾问题，运用以检察职能为主的多种方式，弘扬社会主义核

---

① 参见陈一新：《新时代市域社会治理理念体系能力现代化》，载《社会治理》2018 年第 8 期。

② 江必新：《关于多元共治的若干思考》，载《社会治理》2019 年第 3 期。

心价值观，以理服人、以法服人、以德服人，引导犯罪嫌疑人、被告人真心悔罪、改过自新，教育其他涉案人员，预防违法犯罪，及时祛除问题病灶，化解风险隐患，促进社会公德、职业道德、家庭美德、个人品德建设，才能充分彰显检察治理价值，成为市域社会治理的重要部分。

### 三、履职尽责是融入市域社会治理的方式选择

全国市域社会治理现代化工作会议指出，"要紧紧围绕坚持和完善中国特色社会主义制度，推进国家治理体系和治理能力现代化的总目标，牢牢把握坚持和完善共建共治共享的社会治理制度的总要求，坚持以人民为中心的发展思想，以防范化解市域社会治理难题为突破口，以开展市域社会治理试点为抓手，探索具有中国特色、市域特点、时代特征的社会治理新模式，不断完善党委领导、政府负责、民主协商、社会协同、公众参与、法治保障、科技支撑的社会治理体系，切实提高市域社会治理系统化、社会化、精细化、法治化、智能化水平，努力建设人人有责、人人尽责，人人享有的社会治理共同体"①，从而推动形成既充满活力，又和谐有序的社会环境。检察机关作为法治保障的重要力量，应当找准自身定位，依托检察职能，紧扣治理重点难点，为人民的利益保护依法提供刚性保障，忠实守护社会治理秩序价值，着力化解社会矛盾。

一是通过扫黑除恶专项斗争发挥治理功能。依法严惩黑恶势力犯罪，坚决铲除黑恶势力土壤。始终坚持依法严惩、打早打小、除恶务尽，保持对各类黑恶势力违法犯罪的严打高压态势。突出惩治横行乡里、欺压百姓的黑恶势力及充当保护伞的党员干部，严肃惩治侵犯农民利益的"微腐败"。推动建立扫黑除恶长效机制，实现扫黑除恶的法治化、规范化和专业化。

二是通过打击犯罪发挥治理功能。依法查办刑事犯罪，重点打击严重暴力、"黄赌毒"、"两抢一盗"等严重影响群众安全感的犯罪。突出打击非法吸收公众存款、集资诈骗、金融诈骗等严重影响民生稳定的经济犯罪。依法严厉打击非法行医、拒不支付劳动报酬等侵害人民群众切身利益的犯罪。坚决惩治网络传销、电信网络诈骗等新型网络犯罪。积极参与扶贫领域腐败和作风问题专项治理，坚决惩治挪用、贪污扶贫资金犯罪。深化破坏环境资源犯罪专项立案监督，推动"补植复绿"，促进生态环境综合治理。

三是通过预防和化解社会矛盾发挥治理功能。在认真学习借鉴新时代"枫桥经验"的基础上，建立健全检察环节预防和化解社会矛盾机制。积极投入重大社会稳定风险防范化解专项行动，把办理涉众型经济犯罪案件与化解风险、追赃挽损、维护稳定结合起来。立足司法办案开展经济风险研判，对可能影响经济健康发展、存在风险隐患的苗头性、倾向性问题，及时预警预测，向有关单位和部门提出对策建议。对于在司法办案中发

---

① 法制日报评论员：《以市域为抓手推进社会治理现代化》，载《法治日报》2019 年 1 月 4 日。

现的涉及经济发展的体制性、政策性、策略性、方向性等重大问题，及时向党委报告，提出解决建议。

四是通过法律监督发挥治理功能。在司法办案和法律监督中，凸显检察官公共利益代表保护人身份，对犯罪嫌疑人、被告人、服刑人员等特殊群体权益，坚持惩治犯罪和保障人权并重、实体公正和程序公正并重。进一步完善“观护矫正”基地，促进外来涉罪人员的平等保护。关注“极少数”加强社会保障救助，推动构建弱势群体维权保护网络，加强与社会保险、民政救助、城乡低保、农村五保、法律援助等相关工作的衔接。不断完善对被害人等司法救助机制。积极推动控告申诉检察工作转型发展，完善纠防冤错案件长效机制，不断畅通群众利益诉求表达渠道。

五是通过公益诉讼发挥治理功能。准确把握法定案件范围，重点办理生态环境和食药安全领域民事公益诉讼案件，特别关注食品、保健食品欺诈和虚假宣传中广告代言人的违法行为以及监管部门是否存在不作为等情形，努力保护好“金山银山”和群众“舌尖上的安全”。进一步加大刑事附带民事公益诉讼力度，坚持刑事惩罚和维护公共利益的统一。

## 四、提升效能是融入市域社会治理的必然选择

### （一）更新理念才能更好服务保障发展大局

加快推进市域社会治理现代化，实现国家治理体系和治理能力现代化的根本目的是营造稳定和谐美好的社会环境，为坚持和完善中国特色社会主义制度，推动政治经济不断发展，实现中华民族伟大复兴打造良好的社会环境基础，而推进市域社会治理现代化的实质也可以理解为服务保障发展大局。因此，检察机关在开展市域社会治理过程中，应当切实转变“重打击轻保护”“重惩治轻服务”的固有理念，将保障元素、服务元素有机融入检察工作。

一要践行为民理念。除了通过司法办案，突出打击各类侵害公民人身财产安全，妨碍社会稳定的违法犯罪外，还需要坚持治理为民、治理靠民，充分调动人民群众参与检察治理的积极性，认真倾听回应群众诉求，注重收集群众的意见建议，集思广益、群策群力，更好汇聚民智促进检察治理工作，让人民群众体会到更多获得感、幸福感、安全感。

二要强化监督理念。通过进一步完善刑事立案、侦查、审判、执行监督机制，推动实现司法办案的公平公正。加大对有案不立、以罚代刑、漏罪漏犯、违法插手经济纠纷等监督，促进刑事立案的谦抑审慎。进一步加强对民事、行政审判，民事调解、执行等活动的监督，强化申诉案件息诉服判工作，不断提升民事行政诉讼监督质量、效率和效果，坚定维护民事行政裁判的既判力与公信力。强化对群众反映强烈的行政机关在评估审查、审批流转、证照发放等重点领域、重点环节的执法行为，以及征地拆迁、安全生产、资金补贴、市容整治等领域违法行政行为的监督，突出围绕履职中发现的国有财产保护、国有土

地使用权出让等领域负有监管职责的行政机关违法行使职权或不行使职权的监督，有效推动依法行政。

三要贯彻服务理念。准确把握处理产权和经济纠纷的司法政策，抓紧甄别、依法纠正涉产权的冤错案件，严格规范涉案财产处置的法律程序，依法维护非公企业产权和合法权益。在司法办案中严格把握罪与非罪、法律与政策的界限，平等保护各类产权，增强企业家信心和财富安全感。始终保持对严重金融犯罪的高压态势，重点查处金融从业人员利用职务便利、身份便利和客户资源实施的犯罪，加强分析金融市场发展和业务创新中出现的法律争议和违法犯罪新手段，重点防范投资融资交易性风险和涉众型金融犯罪风险，加大追赃力度，深化金融检察预防和化解金融风险。强化知识产权行政司法协同保护，完善“两法衔接”平台，健全联席会议、案件协调和信息互通共享工作机制，推动构建知识产权保护“绿色通道”。

（二）创新方式才能更好发挥检察治理价值

网格，是社会的神经末梢、治理的最小单元。网格化社会治理则是密切联系群众，有效整合资源，提升基层治理能力的重要方式，包容性、覆盖性及放大效应是其主要特征属性，蕴含着巨大的治理优势和治理潜力。为此，检察机关可积极探索创新“检察 + 网格”的治理方式，促进检察治理效能更大发挥。检察机关可通过借助“网格化 + 大数据 + 铁脚板”信息收集验证体系，破解公益诉讼线索发现难的瓶颈问题；而网格中心则可借助检察机关的专业优势，帮助研判分析各类线索，提出处置建议等。双方在合作中建立健全“检察官进网格机制”，实现优势互补，获得双赢共赢。再如依托检察工作网格，将基层院12309 检察服务中心信、访、网、电迁移，畅通线索接收渠道；充分发挥立案监督、审查逮捕、审查起诉等检察职能作用，积极护航平安网格；深入推进检调对接，以案释法、源头治理，防范化解社会矛盾纠纷；进一步深化网格、公益诉讼信息共享与协作配合，形成更强公益保护合力；建立健全与社区网格工作联席会议机制、定期走访机制、沟通反馈机制、协调配合机制等。①

（三）提升能力才能更好开展检察治理

社会治理问题涉及面广、各种因素交织重叠，相对于一般的司法办案可能更为复杂。因此，检察机关要在市域社会治理过程中更有作为，则必须不断提升治理能力。一方面，应当积极推进检察官队伍革命化、正式化、专业化、职业化建设，全面提升检察官在依法履职过程中开展治理的能力。重点围绕思想政治、职业品格、知识体系、能力体系、办案团队、检察决策机制、检察人才、案件监督管理、司法作风、评价体系等方面进行强化队伍建设，强化检察官队伍的能力素质。另一方面，应当注重拓展提升各方面综合治理能力，

① 在这方面常州市人民检察院进行了探索，具体可参见《常州市人民检察院关于开展“检察官进网格”工作的实施意见》。

尤其是以下三种能力:一是加强调研分析能力。案件是具体矛盾纠纷的重要表现形式,其本质就是有待解决的社会问题。开展个案剖析和类案分析,往往能够发现深层次问题和各类风险隐患,分析出区域领域内的形势动向,是“测量”社会问题的重要方式途径。加强检察人员调研分析能力,将更加有助于社会风险隐患的发现和防控。二是加强群众工作能力。认真听取包括犯罪嫌疑人、被告人在内的当事人、辩护人、代理人、家属、利益相关人等各方面意见,妥善处理合理合法诉求,促进冲突化解,防止矛盾激化,在依法办理案件的同时,消弭各类社会负面消极因素。三是加强舆论导控能力。当下社会环境,司法事件往往成为舆论炒作和网民围观的对象,其中不乏歪曲事实、恶意炒作。检察官应当注重强化风险意识,增强应对此类新型社会风险的防范水平,由“事后处置”转向“事前把控”①,还原真实情况,引导正确舆论导向。

① 参见张建:《推进市域社会治理现代化的路径思考》,载《福州党校学报》2020年第2期。

# 检察机关助推市域社会治理现代化的实践思考

张厚来　沈善文*

**摘要**：推进市域社会治理现代化，法治保障是重要环节和重要内容。近年来，各地检察机关立足职能在服务保障市域社会治理现代化上作出了一系列有益探索，基本上形成了以办案为中心，以职能延伸为触角的总体框架，但同时在实践中也存在社会各界对检察职能的认识有误区、与其他治理主体协作配合不够等问题。对此，检察机关应精准把握服务方式、补齐自身短板不足、强化内外协作配合、加强智慧检察建设，以进一步提升检察机关参与市域社会治理的质效。

**关键词**：检察机关　市域社会治理　路径优化

党的十九届四中全会明确了"构建基层社会治理新格局"的战略目标，并提出了"加快推进市域社会治理现代化"的行动目标，"市域社会治理"的概念首次出现在党的纲领性文件之中。检察机关作为创新社会治理、建设平安中国的重要法治保障力量，在推进社会治理现代化上承担着重要责任。如何找准定位，把握好推进市域社会治理现代化的切入点，提高社会治理科学化水平是检察机关面临的一项重要课题。

## 一、检察机关与市域社会治理现代化

### （一）市域社会治理现代化的内涵及重要性

市域社会治理是社会治理领域的一种新提法，大多数学者认为，与县域社会治理不同，市域社会治理把市域作为推进社会治理的关键环节，其内涵强调了设区市党委政府在社会治理中的主导作用；与城市治理也不同，市域社会治理更强调市域全域和城乡融合的理念。为此，总的来说，"市域社会治理由空间范围、行动主体、治理手段、治理目标

* 张厚来，江苏省徐州市人民检察院法律政策研究室主任；沈善文，江苏省徐州市沛县人民检察院党组书记、检察长。

四个基本要素构成。”[①]从空间范围上看，市域社会治理是国家治理在市域范围内的具体实施，范围兼具城市、农村两个系统，因此也能说其是城市社会治理与农村社会治理的融合体；从行动主体上看，市域社会治理具有完备的党组织、政府、企业、社会组织、公民等多元行动主体；从治理手段上看，市域社会治理是行动主体通过运用党建、法律、道德、心理、科技、民规民约等社会制约手段开展的一种社会行动；从治理目标上看，其直接目标是化解市域社会矛盾、解决社会问题，根本目标是促进市域社会和谐稳定。

2018 年 6 月 4 日，中央政法委秘书长陈一新在延安干部学院新任地市级党委政法委书记培训示范班上，首次正式提出“市域社会治理现代化”这一重要概念。2019 年 12 月 3 日，全国市域社会治理现代化工作会议召开，提出了推进市域社会治理现代化的总体思路，并进一步阐述了市域社会治理现代化的重大意义。结合此次会议，市域社会治理现代化的重要性主要体现在“三个特殊”上：一是市域在国家治理体系中具有特殊定位，发挥着承上启下的枢纽作用、以城带乡的引擎作用、以点带面的示范作用，抓住市域这一关键环节，可以起到“一子落而满盘活”的效果；二是市域在矛盾风险防范化解中具有特殊作用，市域是观察矛盾风险走向的晴雨表，我国经济社会发展中出现的新情况新问题往往最先在市域显现，是守住安全稳定底线的主阵地，通过充分发挥市域资源手段优势，从事前、事中、事后整体视角进行防范，从源头、传导、关键环节进行化解，能够有效防止矛盾风险向上传导、向外溢出，是满足人民群众新需要的大平台，市域层面能够直接、灵敏地感受到人民新需要，又具备充足的资源和手段及时有效回应；三是市域在社会治理中具有特殊优势，具有政策制定的自主空间，解决问题的资源基础，以及大胆尝试的回旋余地，推进市域社会治理创新，有利于克服县域和基层社会治理中协调能力不足、反应不及时等各类问题，为推动社会治理现代化不断提供新经验、贡献新方案。尤其通过此次抗击新冠疫情的挑战，更明确地凸显出市域是重大矛盾风险的产生地、集聚地，市域风险隐患防控处置不及时，潜在的问题就会变成现实的风险，区域性的风险就很容易酿成全局性风险，所以更应该将加强市域社会治理现代化作为撬动国家治理现代化的重要战略支点来抓。总而言之，市域社会治理推进的效果，事关人民安居乐业，事关社会安定有序，事关国家长治久安，以推进市域社会治理现代化为牵引，努力建设更高水平的平安中国，是推进国家治理现代化的题中之义。

（二）检察机关参与市域社会治理的理论与现实依据

1. 理论依据

（1）检察权的权力属性决定了检察机关需要参与市域社会治理。在市域社会治理格局中，检察机关充当着救济权利、保障安全、稳定秩序的“制度通道”的角色，通过这条通道，民众的法律要求可以获得救济，各样的矛盾、冲突也可以得到一定程度的解决。同

① 陈成文：《市域社会治理现代化的理论蕴含与实践路向》，载《光明日报》2019 年 11 月 22 日。

时,检察权也是法律实施的重要方式之一,随着社会的发展,检察权已不再单纯是通过办理具体的案件来实现对公民权利的有效保障,而逐渐成为社会秩序发展的重要力量,对社会治理的发展进程有着较大的影响,因而检察权本身即具有一定的社会治理属性。

(2)检察机关的职能特点决定了检察机关需要参与市域社会治理。检察机关是独立行使法律监督权的国家机关,承担着防止行政权和审判权异化,稳定宪法体制下国家权力的正常运行秩序的职能。检察机关不直接救济私权利,而是通过监督公权力运行,保护社会公共利益和国家利益,并通过监督公权力行使实现私权力救济。① 司法实践中,检察机关不仅通过行使公诉权、侦查监督权、民事行政检察权等对侦查、审判及行政机关执法活动进行监督,来实现对公民、法人和其他组织合法权益的救济,实现对弱势群体权益保障,还通过公益诉讼等方式,来维护国家和社会公共利益。由此我们应认识到,检察机关通过对公权力进行监督,有效防止和纠正公权力履行不当损害公民权利或国家、社会公共利益,确保公权力在法治的轨道运行,这本身就是市域社会治理的应然要求。

2. 现实依据

(1)贯彻落实党的十九届四中全会精神的必然要求。党的十九届四中全会对坚持和完善中国特色社会主义制度,推进国家治理体系和治理能力现代化作出重大战略部署。国家治理体系和治理能力现代化,根本在于制度建设和制度执行。制度的执行,法治保障是重要手段。检察机关作为《宪法》规定的法律监督机关、司法制度的重要主体和法治建设的重要参与者,肩负着重要的政治职责和法律职责,积极贯彻落实党和国家重要战略部署,把中国特色社会主义检察制度优势转化为国家治理效能,实现推进国家治理体系和治理能力现代化这一目标,是检察机关必须履行的职责。而市域社会在国家治理体系中有着特殊定位、特殊作用、特殊优势,市域社会治理的好坏直接关系国家治理体系和治理能力现代化这一顶层设计能否落实落地。因此,检察机关积极参与推进市域社会治理,也就成为贯彻党的十九届四中全会精神,积极参与推进国家治理体系和治理能力现代化的必然要求。

(2)适应时代发展,满足人民群众对社会发展内涵新期待的必然要求。中华人民共和国成立以来,党领导人民创造了世所罕见的经济快速发展、社会长期稳定两大奇迹,中国特色社会主义事业呈现出前所未有的美好未来和光明前景。但进入新时代,随着我国社会主要矛盾的转变,人民群众对社会发展内涵有了新期待,对民主、法治、公平、正义、安全、环境等方面的要求日益增长。主要矛盾的解决需要市域社会治理方式的协同跟进,需要法治建设不断向前发展。在这种时代背景下,检察机关作为国家的法律监督机关,要切实提高站位,充分履行职能,提供满足人民更高需求的检察产品,为推动构建市域社会治理新模式,推进市域社会治理现代化贡献检察力量。

---

① 参见谢鹏程:《检察规律论》,中国检察出版社2016年版,第88~90页。

## 二、检察机关推进市域社会治理现代化的障碍因素

### (一)社会各界对检察机关参与市域社会治理存在认识误区

当前,社会各界对检察机关及其职能的认知度不高,对检察机关参与市域社会治理存在一定的认识误区。具体表现在,长期以来检察机关一直覆盖着一层神秘的"面纱",尤其是反贪转隶,检察系统在经历了"重塑性变革"后,职能系统调整为刑事、民事、行政、公益诉讼"四大检察"并行的新格局,更是增加了这层"面纱"的厚度。实践中,不仅一些普通群众完全不了解检察机关及其职能,部分人大代表、政协委员对检察机关的职能也是知之甚少。只知刑事检察,不知民事、行政、公益诉讼检察的情况普遍存在,使检察机关参与市域社会治理的群众基础颇为薄弱。如在信访问题的处理上,一些职能部门的工作人员经常会将普通信访事项与涉法涉诉信访事项混同,在检察机关走访时,将普通信访事项向检察机关提出,要求或希望检察机关帮忙化解矛盾。同时这种认识上的误区不仅仅存在于检察系统外部,一些检察干警对检察机关参与市域社会治理的职能边界也存在把握不准、认识不清的问题,尤其是对利用宣教功能、行政辅助功能、法律咨询培训等非司法化手段解决非司法化问题的跨界治理,仍存在一定的争议。

### (二)检察机关自身短板制约服务市域社会治理工作效果

当前,新时代检察工作中存在不少短板。具体表现在,检察理念与融入国家治理体系、促进经济社会发展还有一定差距,仍需更新、落实;行政、民事检察等业务短板尚未有效补强;履行法律监督职责不到位,重配合协调轻监督制约的情况亟待改善;统筹推进司法体制改革不够,配套措施不完善;检察官专业素养不适应新时代更高要求,办理民商事、金融、网络等案件能力尤显不足等等。上述问题的存在,会对检察机关助推市域社会治理现代化的工作效果产生直接影响,可以说这些问题能否得到有效破解、短板能否得到及时补齐,不仅直接关系检察事业的持续健康发展,更关系检察机关服务市域社会治理现代化的能力水平,亟须下大气力破解。

### (三)检察机关与其他治理主体协作配合不够

市域社会治理现代化不是仅仅依靠哪一方力量能够完成的,需要全社会的共同努力。但从实践看,检察机关与其他治理主体间的互动较少,未能有效构建起协作配合机制,尚未形成治理合力,这点在犯罪预防方面表现得最为突出。主要是在"谁执法谁普法"的普法责任制落实上,各普法主体各自为战,普法工作出现重叠问题的情况较为普遍,致使普法失去了原有的意义,反而成为一种负担。如部分学校反映,他们在一定时间内要先后安排检察院、法院、公安、司法局等多部门的法治宣讲课程,且由于这些普法单位间缺乏有效的沟通,课程内容大多主题相似,使学生对法治宣讲课程失去兴趣,普法工作效果大打折扣。

### (四)信息化水平不高,智慧检察建设亟待加强

随着互联网的普及和新媒体应用的高速发展,网络以其开放、包容、互动扩展空间,

日渐成为民众获取信息、休闲娱乐、商务应用的重要平台，成为反映了解社情民意的重要窗口。尤其在自媒体时代，网络成为社会问题的放大器，看似是一件小事，也很容易在网上引起舆情旋涡。因此，网络这一虚拟社会空间的治理，是市域社会治理不可忽略的关键点。但从工作实践看，检察机关尚未形成互联网思维，对互联网的应用手段单一，多是以检察工作宣传和普法宣传为主，信息化水平亟待提升，智慧检察建设还有很长的路要走。可以说，在当前"互联网＋"的大背景下，充分利用互联网优势，大力推进智慧检察建设，提高执法司法供给质量和效率，更好地参与市域社会治理，是检察机关当前迫切需要面对的课题。

## 三、检察机关进一步发挥职能推进市域社会治理现代化的路径优化

### （一）准确把握参与市域社会治理的内核

市域社会治理是一项社会系统工程，"政府、企业、社会组织、公民等各种主体都在其中承担着各自的职责，既不能有所空缺，亦不能相互冲突，只有这样才能够形成和谐、有序的社会局面"①。因此，检察机关在参与市域社会治理时，应始终把握法律监督者的职能定位，在职权范围内开展各项工作，决不能越界越位。同时，检察机关在参与市域社会治理时，应坚持理念引领，牢固树立以人民为中心的理念，始终坚持专群结合，既充分吸取人民群众的智慧，提高参与市域社会治理现代化的能力，又让社会治理成果惠及更多的群众，切实增强城乡群众的安全感、幸福感、获得感；牢固树立客观公正理念，将之贯穿于检察机关参与市域社会治理的全过程，办案过程中，全面客观收集有罪、无罪证据，注重办案的质效，降低案一件比，努力做到案件进入检察程序后一次性优质办结，司法资源投入最少，当事人感受最好；牢固树立双赢多赢共赢理念，秉持监督就是支持，在支持中强化监督的执法理念，通过监督促使监督对象规范行为，建立监督者与被监督者的良性、积极、互动关系，共同实现市域社会治理现代的目标。

### （二）下大气力补齐检察机关自身短板

聚焦检察工作中存在的短板，制定有力措施，扎实推进整改，着力破解"瓶颈"，攻克弱项，是当前检察机关面临的重要课题，也是检察机关提升在市域社会治理中贡献度的基础举措。为此，检察机关要强化精准监督理念，建立精细化办案模式，综合用好抗诉和再审检察建议两种监督方式，深入推进对生效裁判、虚假诉讼、执行活动等领域的监督，全面推开案件公开审查，深化智慧借助，提升监督质效；大力打造精品典型行政检察监督案件，发挥引领性案件的示范作用，扎实开展行政争议实质性化解专项活动，融入多元纠纷化解机制，努力推动诉源治理；更新检察监督理念，尝试向社会公布办理的影响社会治理、影响群众安全感的典型类案情况，及时预警，促进提前预防，创新发挥好检察机关法

---

① 张鑫：《检察机关在社会治理中的定位与职能》，载《西部学刊》2015 年第 6 期。

律监督职能作用；聚焦执法司法和社会治理重点领域中群众反映强烈、社会关注度高的突出问题，通过检察建议延伸办案链条和监督触角，实现司法案件的政治效果、社会效果和法律效果有机统一；强化专业素能建设，全面开展“教、学、练、战一体化”教育培训机制，推行“检察教官＋实战训练＋双向互动式教学”模式，不断提升检察官履职能力和水平。

（三）加强检察机关内部合作及与各治理主体的联动协作

一方面，建立党组领导、上下联动、部门协作的内部机制，将市域社会治理现代化的要求融入党组把方向、谋大局、保落实中去，采取市一级检察院统筹协调、指挥调度，基层院组织实施、精准发力等方式整体推进，各业务部门对办案中了解的有关线索及时互通有无，打造检察合力。另一方面，建立分工负责、合作共赢、一体推进的外部机制，积极融入市域社会治理现代化新格局和治理体系，加强与纪检监察、公安、法院、司法等单位的衔接配合，协调解决司法办案、诉讼监督等工作中遇到的困难和问题，维护公共安全，保持社会稳定，不断提升检察工作质效；加大与政府相关职能部门的沟通联系力度，重点通过开展类案监督、宏观监督，就发现的普遍性、倾向性问题与有关部门达成共识，共同推进市域社会治理现代化的系统工程。

（四）加强智慧检察建设，推进市域社会治理信息化

互联网时代的社会治理，管理信息化、平台化已是常态，利用云计算、大数据等，社会风险、矛盾往往能够发现得早，处置在小，防患于未然。为此，检察机关应牢固树立互联网思维，大力推进智慧检察建设，建立“互联网＋”参与社会治理工作模式，用网络化、信息化手段提高司法供给的质量和效率，进一步提升检察机关参与市域社会治理的质效。智慧检察建设应以需求为导向，充分利用统一业务应用系统案件数据，整合各类数据资源，搭建知识服务平台；统筹研发智能辅助办案系统，推进大数据、人工智能等前沿科技在刑事、民事、行政公益诉讼等检察工作中的应用，持续提升办案质效；持续推进“两法衔接”平台建设，健全完善政法工作网，加强与政法各机关和行政执法部门资源共享，与公安、法院、司法行政机关实现信息共享，打破信息孤岛；坚持建用并重，基层检察机关在推行统一业务应用系统、同步录音录像系统、远程接访系统、12309 检察服务平台等信息化工作过程中，要边运用、边反馈，形成良性互动的发展格局，以达到办案质量效率提高、办案能力水平提升的效果。

# 检察实务

## 降低审前羁押率实证研究

李　军*

**摘要:**审前羁押作为我国刑事强制措施体系中不可或缺的一部分,其适用率的高低在一定程度上反映了司法机关司法理念文明程度和对犯罪嫌疑人人身权利保护现状。与域外其他国家相比,我国审前羁押率、地区间差异,都存在一些问题。分析我国现行审前羁押现状,借鉴其他国家相对成熟做法,可以明确完善审前羁押制度的思路。

**关键词:**审前羁押率　降低　非羁押措施

审前羁押作为保证国家实现追诉权的有效手段,对保障刑事诉讼活动的正常运行有着不可替代的作用;但如果适用过度,会给犯罪嫌疑人或被告人带来不可挽回的损害。在实际运行中暴露出羁押率长期居高不下问题,需要深入思考解决。

### 一、理性剖析我国现行审前羁押制度

审前羁押,又称未决羁押,是在法院最终作出生效判决之前犯罪嫌疑人、被告人被限制、剥夺人身自由的一种状态。按照最高人民检察院官方统计方法,审前羁押率是指审结起诉人数中有过逮捕记录的比例,具体而言,即分子为捕后起诉人数,分母为审结起诉人数。

(一)现状

1. 审前羁押适用率过高。强制措施的目的在于保障刑事诉讼的顺利进行、防范被追

---

* 李军,江苏省苏州市人民检察院党组书记、代检察长。

诉人逃避侦查和审判、避免其妨碍司法或进一步危害社会。只有当非羁押措施不能实现上述目标时,才能选择使用羁押措施。因此,被羁押者的人数应远小于被追诉的人数才是符合刑事诉讼客观规律的。近年来,我国审前羁押率从2013年的64.11%下降至2017年的57.55%,[①]虽略有下降,但仍可以清晰看出审前羁押成为司法实践中被普遍采用的强制措施状态。

2. 羁押成为拘留、逮捕后的当然状态。根据现行法律,羁押并不是一种独立的强制措施,依附于拘留、逮捕,三者混淆。逮捕和拘留后的结果当然是羁押,前因后果,密不可分。[②]《刑事诉讼法》也未将羁押期限和办案期限进行明显划分,实践中案件办理时间就是羁押时间。羁押伴随整个诉讼过程,时间相当长。从某种程度上讲,我国现行的审前羁押制度更多的是服务于案件的侦查、起诉和审判,倾向于控方。

3. 羁押条件泛化,缺乏个别化考量。实践中对逮捕的社会危险性条件把握一直较为审慎、僵化,很少做具体考量,"一刀切"式批捕现象较严重。采取羁押的措施,应综合考虑涉嫌犯罪的严重程度、主观恶性、现有证据情况、赔偿情况等,达到了需要被羁押的程度才能适用,如对于一些主观恶性不大的企业或初犯等人员,相关证据已收集完毕,潜逃、串供、毁灭证据的可能性已被消除,在审查逮捕时,未与具有前科、惯犯等情节的社会无业人员作出区分,一味羁押,给社会稳定及企业经营带来严重影响。

4. 审前羁押缺乏必需、及时的救济途径。相比较公安机关不服不批捕决定可以要求复议、向上一级检察院提请复核的规定,被羁押一方仅有申请变更强制措施的权利。实践中,一旦犯罪嫌疑人受到逮捕,除特殊情况外一般鲜有变更的。《刑事诉讼法》第95条规定,犯罪嫌疑人、被告人被逮捕后,检察机关仍应进行羁押必要性审查,但在捕诉一体机制建立后,审查批捕和起诉的为同一承办人,难以去改变自己作出的决定。犯罪嫌疑人虽然拥有自力救济这一武器,但是与强大的公权力机关比起来,救济的手段依然显得有些缺乏。[③]

(二)原因分析

1. 立法有待进一步完善。我国《刑事诉讼法》未对羁押作出专门规定,散见于拘留、逮捕等强制措施及侦查、审查起诉、审判等期限规定里,未给予羁押应有的重视。此外,《刑事诉讼法》第81条关于社会危险性的考虑因素多为原则性规定,缺乏细致客观规定,虽然这在一定程度上增加了案件办理的灵活性,但不利于树立严肃、谨慎的案件审查标准,导致许多办案人员对如何适用把握不准。正是基于逮捕适用条件过于宽泛——不好

---

① 参见王禄生:《论刑事诉讼的象征性立法及其后果——基于303万判决书大数据的自然语义挖掘》,载《清华法学》2018年第6期。

② 参见袁祥境:《比较、反思和完善:联合国刑事司法准则与我国审前羁押制度》,载《公民与法》2016年第4期。

③ 参见涂达:《我国审前羁押制度之完善》,武汉大学2016年硕士学位论文。

适用,怕承担错案责任——不敢适用,保障措施缺乏——不能适用,“三不”促成部分案件承办人抱着“求稳怕错”的思想,对可捕可不捕的一捕了之。

2. 偏重控制、惩罚犯罪的刑事诉讼目的。现行《刑事诉讼法》经不断修改和完善,扩充了犯罪嫌疑人、被告人的诉讼权利,在人权保障方面有了显著进步。但相关法条设立的首要价值标准仍是从打击犯罪、维护社会秩序等方面考量,对应的刑事诉讼规则也是更多关注权力行使中的有效性及便利性,对被羁押对象的诉求重视不够。①

3. 过去固有执法思维的延续。重实体轻程序、重打击轻保护等传统司法理念在现有司法实践中继续发挥影响力。不少办案人员认为只要被羁押者最后都被判有罪,判处刑罚,前面的羁押就可以得到折抵,从整个刑事诉讼活动来看,并没有影响犯罪嫌疑人或被告人的权益。此外,当前整个社会的诚信机制尚未建立,在这种状况下采取羁押之外的强制措施,会给执法者带来较大风险,特别是对外地籍犯罪嫌疑人。

## 二、域外审前羁押率比较研究

虽然国内各方调研数据差异较大,计算出的审前羁押率存在数值的不同,但共识是国内审前羁押率明显高于国外主要法治国家。需要注意的是,审前羁押率不是越低越好,维持在符合刑事诉讼规律的合理区间才是科学有效的。就国外主要法治发达国家的审前羁押率来看,无论是在 20 世纪 90 年代,还是自 21 世纪以来,其审前羁押率普遍没有超过 50% ,大多在 10% 至 30% 。②

1. 对逮捕前置的相关规定。在羁押之前,需先行逮捕,相当于我们常说的“抓捕”。英国的逮捕分为有证逮捕与无证逮捕。有证逮捕由警察申请,说明理由,法官审查并签发逮捕证进行。对有正当理由怀疑实施可捕罪或正在实施可捕罪的人,可无证逮捕。美国的逮捕需向法院申请,侦查机关拿到法官签发的逮捕证才能进行逮捕。法国规定司法警察为了更好地进行案件调查,可以对任何犯罪嫌疑人采取拘留措施,但是需有正当的怀疑理由,且在拘留开始时应通知大审法院检察长,由其向法院提交先行羁押请求的案件材料。③

2. 逮捕至审前羁押的程序规定。美国、日本等国家为保障审前羁押的正当性和合法性,在刑事诉讼法中都规定了相似的羁押审查程序,④审前羁押必须经司法机关的审查和授权才可以予以实施。英国规定法官要对于羁押的申请进行专门听证。除有妨碍刑事诉讼进行的危险或有社会危害以及逃避审判等情形,通常以保释为原则,以羁押为例外。

---

① 参见龚培华:《更新司法理念准确认识审前羁押》,载《检察日报》2019 年 10 月 13 日。

② 参见林喜芬:《解读中国刑事审前羁押实践——一个比较法实证的分析》,载《武汉大学学报》(哲学社会科学版)2017 年第 6 期。

③ 参见宋英辉、孙长永、刘新魁:《外国刑事诉讼法》,法律出版社 2006 年版,第 283 页。

④ 参见江涌:《未决羁押制度的研究》,中国人民公安大学出版社 2011 年版,第 63 页。

美国警察必须立刻将被逮捕的犯罪嫌疑人送到治安法官面前,在提起起诉时说明逮捕的合理根据。法官通过听证程序中各方提供的材料作出保释或者羁押的决定。[①] 法国刑事诉讼活动中有"先行羁押"的规定,检察官提出请求,预审法官经过控辩双方的辩论之后再进行决定。日本《刑事诉讼法》根据令状主义的宪法原则,建立起审前羁押的司法审查程序,[②]由法官签发羁押证的羁押才是合法的,并且这种羁押请求权只能检察官行使,具有专属性。

3. 审前羁押的期限。一般国家没有对审前羁押确定准确的期限规定,而是通过在羁押延期时进行严格的审查来予以规范。英国警察起诉前的羁押最多可达 96 个小时。治安法官首次出庭到移送起诉阶段,羁押期限是 70 天;移送起诉到法院开始审判时,羁押期限是 112 天。美国《联邦刑事诉讼规则》规定,起诉书原则上自逮捕或传唤之日起 30 日之内提出;无罪答辩的案件中,正式审判原则上在 70 日之内开始。就发展情况来看,审前羁押总期限 1 年以上的在逐步减少。如日本,一般起诉前的羁押期限在 10 日以内;对于涉嫌内乱罪、外患罪、危害国交罪的,才达到25 天,通常不超过20 天。起诉后羁押期限通常是两个月;有特殊情形的,交给法院进行裁定,每隔一个月需要延长一次,一般一次为限。

4. 审前羁押的救济程序。有权利必有救济,已经成为共识。英国最主要的救济制度是保释制度。1679 年英国颁布《人身保护法》,规定因被指控而长期被羁押的犯罪嫌疑人或者被告人,可直接向法官申请人身保护令,借此有可能获得保释。1976 年,保释法颁布实施,详细罗列了相关规定。《美国法典》规定了两种救济途径:一种是申请复议,也就是被羁押人对签发的羁押令可以向案件初审时的法院申请予以撤销或者变更,这种签发的羁押令限于不是由案件初审权的法院或者联邦上诉法院的法官签发的。另一种是上诉,当法院作出驳回撤销或变更的裁定之后,被羁押人通过上诉向上诉法院申请进行再次审查。法国通过多次立法改革强化了被羁押人的救济机制。例如,被羁押人释放请求权的建立、羁押上诉制度的完善等。[③] 根据法国《刑事诉讼法典》第 185 条的规定,检察官可以对预审官的裁定提出抗诉,建立起从低到高的救济途径,维护被羁押人的合法权益。

通过对相关国家审前羁押制度的介绍和对比,可以发现,不同法系的国家,在审前羁押上有许多相似相通之处,原因涉及诸多方面。从根本上讲,笔者认为,是由审前羁押程序在整个刑事诉讼程序中的法律价值及诉讼地位所决定的,无论各国审前羁押制度的具体运作细节差异性有多大,刑事诉讼构建的结构要确保最低限度的实体和程序公正,保证诉讼活动的完整性,其中,控制犯罪和保障人权是最大的价值目标,如何确保这两者的

---

① 参见王克文、刘珏:《美国审前羁押听证中的证据开示制度及其启示》,载《人民检察》2019 年第 9 期。

② 参见张琳琳:《日本刑事司法改革的趋势》,载《刑事法判解》(第 8 卷),法律出版社 2005 年版,第 5 页。

③ 参见施鹏鹏、王晨辰:《法国审前羁押制度研究》,载《中国刑事法杂志》2016 年第 1 期。

平衡是各个国家在司法改革中都在努力尝试的事情。我们在完善审前羁押制度时需要充分考虑以上因素。

### 三、审前羁押制度之法理探析

#### (一)厘清我国现行审前羁押制度

从实际情况来看,我国审前羁押立法仍不完善。大部分西方国家逮捕时是采用无证逮捕模式,逮捕没有得到有效控制,但是在后续的羁押程序中,却设置了严密的审查程序。由此形成逮捕和羁押分离模式,保证限制人身自由的强制措施得到有效管控。由于法官这样中立角色的存在,使羁押审查程序显得公正。

我国《刑事诉讼法》规定了两种解除或变更措施的途径:一种是执行者对满足释放条件的自行解除;另一种是对不当的审前羁押可以通过原批准机关和检察机关的法律监督予以解除。实事求是地说,这两种途径是比较简便的,关键的问题在于,这两种方式再加上通过中立的法官进行审查的方式来进行救济,实际能够取得的效果如何是值得我们深思的。

有关逮捕的工作在检察机关内部也发生变化,审查批准逮捕工作原由侦查监督部门负责办理,羁押必要性审查工作由刑事执行检察部门负责。2019 年检察机关内设机构改革后部门职能调整,同年 12 月《人民检察院刑事诉讼规则》颁布施行,形成捕诉一体办案机制,审查批准逮捕和羁押必要性等职能统一由同一办案组或者检察官负责。部分学者虽担心"捕诉一体"实施后,检察官可能将审查案件的重心前移,出于对控诉有利的角度,使犯罪嫌疑人、被告人处于羁押状态,[①]对社会危险性问题考虑不足,进而提高了审前羁押率。但在中国特定制度背景之下的操作实践看,负责起诉的检察官在批准逮捕阶段及时跟进案件办理,了解案件侦查办理的情况,以此更好地补充证据,为后续的审查起诉奠定更坚实的基础,实际上能够缩短审前羁押期限,[②]降低审前羁押率。

#### (二)审前羁押的价值定位

首先,要明确审前羁押不是一种实体性措施。根据无罪推定原则,在法院作出生效的判决之前,犯罪嫌疑人、被告人不应被定义为有罪的人,要求追诉方通过提供确实充分的证据来证明被告人有罪,以此推翻无罪。在被推翻之前,不得先入为主地设定其为有罪,剥夺其合法权益。因此,在被推翻之前,不能够通过审前羁押这种方式来对犯罪嫌疑人或者被告人进行变相体罚。审前羁押虽有先期刑罚的意思,但本质不是惩罚,目的在于保证诉讼活动的顺利进行。在制度设计时,应明确惩罚性不是审前羁押的本质属性。

其次,审前羁押应具备正当性。正当性是指人们能够接受权力的行使及其产生的后

---

① 参见龙宗智:《检察机关内部机构及功能设置研究》,载《法学家》2018 年第 1 期。

② 参见叶青:《"捕诉一体"与刑事检察权运行机制改革再思考》,载《法学》2020 年第 7 期。

果。如果这种权力的行使和结果能被成功接受，我们可以称为具有“正当性”或“合理性”。审前羁押的正当性，也就是其可接受性，具体而言包括两个主体的接受度：一个是社会，另一个是案件当事人。审前羁押的正当性是出于两个方面因素考虑：一个是犯罪嫌疑人、被告人可能犯罪；另一个是为了保证诉讼程序的顺利进行。一般来说，我们不能因为犯罪嫌疑人、被告人涉嫌犯罪就对其采取审前羁押的措施，必须同时考虑到此种羁押措施是不是有利于保证诉讼程序进行所必备的。只有两者同时兼备，适用审前羁押措施才有了正当性。

## 四、审前羁押制度重构之初步设想

在2020年1月召开的全国检察长会议上，张军检察长要求检察机关要进一步树立少逮慎诉理念，并专门提到苏州在外来人口占犯罪人数85%的情况下，审前羁押率远低于全国平均水平，经验做法值得总结和全国检察机关充分借鉴。苏州市审前羁押率从2007年的86%降至2016年的41.8%，2017年为36.2%，2018年为41.4%，2019年为42.6%，近四年稳定在40%左右。总结苏州市检察机关树立“少捕审捕”的执法理念，评查、通报和考评三管齐下，完善综合配套措施的经验做法基础上，笔者建议从以下几个方面完善我国审前羁押制度。

### （一）出台政策，自上而下引领司法理念进步

一是调整现行羁押政策，优化社会治理能力。减低审前羁押率，必须首先从功能定位上使羁押性强制措施回归为诉讼保障和人权保障。[①] 另外，为适应国家治理现代化的要求，以少捕慎押为引领，确立以“以取保为原则，羁押为例外”的刑事司法政策，降低公共成本、提高诉讼效率，为服务“六稳”“六保”提供有力司法保障。

二是建立非羁押风险评估机制。办案人员依据社区调查，结合社会经验，科学考量犯罪嫌疑人的犯罪情节、事后表现等，预判其违反取保候审规定的可能性，实时动态评估，做好风险防控，建立科学有效的非羁押诉讼风险评估机制。特别是在新时期要妥善处理依法办案与维护民营企业正常生产经营的关系。对涉民企的羁押案件，坚持每案必审，做到依法能不捕的不捕、能不诉的不诉。通过走访、座谈、发函等形式，充分调查涉案民企的发展情况，慎重选择办案时机和方式，谨慎作出检察决定。不机械司法，分清实质性违法和形式违法，不将违法性行为与犯罪行为混淆，用专业眼光依法妥善处理好涉企案件的羁押问题。

三是利用认罪认罚从宽处罚的制度红利。认罪认罚从宽制度作为《刑事诉讼法》增加的重要内容，促使检察官在刑事诉讼中的主导地位愈发凸显。[②] 首先，依托轻微刑事案

① 参见卞建林：《论我国审前羁押制度的完善》，载《法学家》2013年第3期。

② 参见贾宇：《认罪认罚从宽制度与检察官在刑事诉讼中的主导地位》，载《法学评论》2020年第3期。

件快速办理机制，提升办案节奏，避免因诉讼程序烦琐拖沓给被取保人生活工作带来不便；其次，建立非羁押期间表现纳入量刑情节制度，从立法层面加大对故意违反取保候审规定行为的处罚力度，明确作为量刑的法定或酌定情节等；[①]最后，通过审前羁押率、案一件比等核心指标的引导，加强与公安、法院沟通，使监管模式化繁为简，共同研究推动运用技术手段建立非羁押保障措施，以此为突破口，推动治理体系和治理能力现代化建设。

（二）完善立法，强化非羁押措施的法律保障

一是实体和程序双管齐下，确保非羁押措施的常态化运行。将比例原则纳入逮捕必要性考量因素，强制措施的种类和强度，必须与犯罪嫌疑人的人身危险性存在相当性。细化非羁押措施适用条件，制定不同的社会危险性审查标准，对犯罪嫌疑人认罪认罚的轻罪案件，原则上不逮捕；对涉嫌犯罪的企业经营者、管理者、关键技术人员等重要生产经营人员，综合考虑其主观故意、危害后果、违法情节等。从严掌握批准延长羁押期限标准，从源头上加快案件诉讼程序。对羁押期间需要处理企业紧急事务的，在不妨碍侦查活动的情况下，尽量允许其通过适当方式处理。

二是探索逮捕替代性措施，弥补强制措施空白地带。现行法律规定下，在犯罪嫌疑人不符合逮捕条件，又不具备取保候审、监视居住条件时缺乏强制措施。因此，建议进一步探索其他替代措施。例如，可设置与办案时间相分离的短期羁押制度（特殊逮捕），规定一次羁押期限为二个月（侦查、起诉直至判决），原则上不能延长。特殊情况，报省检察院审批，可延长一次。借鉴国外的经验，创设其他限制人身自由程度不同、轻重有别的羁押替代措施，如定期报告行踪、限制从事特定活动等。

三是确立公安机关提请逮捕社会危险性制度。提请逮捕文书增加逮捕必要性表述；提供犯罪嫌疑人社会危险性证据，如脱逃、抗拒抓捕、串供、伪造证据、妨害证人作证等；赋予侦查机关对检察机关社会危险性负面评价的复议复核权利。

（三）提升配套，构建非羁押诉讼全程保障体系

一是完善非羁押保障体系建设。设立取保候审支持机构，完善监督管理。取保候审支持机构由教育、民政、福利、社区等机关和社会团体共同实施，并纳入社会治安综合治理体系，政府以财力支持，并接受司法机关监管。同时完善保证金制度，探索使用信息技术手段对取保候审人员的行动轨迹进行监控，积极推广使用电子监控措施执行监视居住。办案人员可对佩戴电子手表的人员进行实时定位和轨迹查询，保障非羁押诉讼顺利进行。[②] 利用信息科技手段，打造数字监控平台，运用人工智能、大数据、区块链、云计算等技术，探索建立以手机 App 为载体的电子监管措施，降低手表、电子脚镣等的羁押成本，强化监管，确保被监管人在必要的管控下回归日常生活。

---

① 参见蓝向东：《美国的审前羁押必要性审查制度及其借鉴》，载《法学杂志》2015 年第 2 期。

② 参见束斌：《三措并举降低审前羁押率》，载《检察日报》2020 年 7 月 22 日。

二是充分利用检察听证，更好履行法律监督职权。对一些重大、疑难、复杂、有争议以及辩护律师审前要求进行听证的审查逮捕案件、羁押必要性审查案件进行检察听证，充分保障当事人的知情权、参与权，全面听取各方意见，更好地帮助检察机关客观准确地认定事实、适用法律，依法公正对案件作出处理决定。

(四)综合改革，深化轻罪诉讼体系构建

探索起诉必要性机制。检察官应以“诉源治理”理念调整角色定位，承担起社会治理的主体责任。一方面，通过起诉必要性的衡量，对部分构成犯罪但社会危害不大、起诉后不符合公共利益的，作出不起诉决定；另一方面，适当扩大附条件不起诉范围，通过前端的“求极致”尽量降低案件进入诉讼中端或末端的可能性。对部分初犯、偶犯，有挽救可能的，在满足社会服务、支付赔偿等要求后，消除社会危险的，可作不诉处理。

# 检察机关自行侦查权适用问题研究

江苏省常州市人民检察院课题组*

**摘要**：自行侦查权，是检察机关履行刑事诉讼和法律监督职能的重要手段，是检察权运行体系中不可或缺的组成部分。依法正确行使自行侦查权不仅有利于查明案件事实，固定完善案件证据，也能促进侦查监督工作更加有效开展，对于检察权高质量运行具有重要意义。但实践中自行侦查权行使消极，自行侦查能力、效率低下，监督制约和考评激励不足，保障支持薄弱等问题突出，使自行侦查权运行状况并不理想，亟待通过明确适用范围、设置独立程序、规范具体流程、完善监督考评等全面激活自行侦查的功能价值。

**关键词**：自行侦查　功能价值　适用问题　制度优化

## 一、自行侦查概述

### （一）概念分析

当前，学界关于如何定义补充侦查①的观点较为统一，大都认为补充侦查的主体为公安机关或者人民检察院，相关工作是在原有侦查基础上开展，是对侦查的一项补救措施，是侦查的延续②；其外延指向诉讼主体在诉讼活动中依法开展的各项继续调查和证据补充工作。③

补充侦查包括退回补充侦查和自行侦查两种方式。虽然两者均为补充侦查子项，但在开展主体、期限设置、适用环节等多个方面均存在较大区别。因而，自行侦查的概念应

---

* 课题负责人：葛志军，江苏省常州市人民检察院检察长。课题组成员：秦宗文，南京大学法学院教授、博士生导师；谭大金，江苏省人民检察院法律政策研究室专题调研一组组长、一级检察官助理；杨大为，江苏省人民检察院法律政策研究室专题调研二组组长、一级检察官助理；黄奇，江苏省常州市人民检察院法律政策研究室员额检察官。

① 本文所研究的补充侦查，仅限于《刑事诉讼法》第175条规定的补充侦查，不包括检察机关对监察委员会移送起诉案件的补充侦查。

② 参见樊崇义主编：《刑事诉讼法学》，中国政法大学出版社2013年版，第447页。

③ 参见岳悍惟主编：《刑事诉讼法学》，对外经济贸易大学出版社2013年版，第218页。

是补充侦查概念基础之上的限缩。我们认为可将其表述为:人民检察院依照法定程序,在原有侦查工作基础上自行主导开展补充收集证据,查明案件事实的一种诉讼活动。而自行侦查权就是法律赋予检察机关自行开展上述诉讼活动的权力。

(二)属性分析

侦查就是保全犯罪证据和犯罪嫌疑人人身。其目的在于查明是否存在犯罪嫌疑,决定是否提起公诉以及为提起公诉作准备[①]。侦查的外延丰富,既包括刑事立案后公安机关、安全机关、军队保卫部门、监狱等部门开展的初始性侦查,也包括审查起诉、审判环节(终局判决前)开展的(后续性)补充侦查。但无论前者还是后者,皆始终围绕甄别嫌疑,保障公诉的目的展开,即便是延伸至审判环节的二审补充侦查,也是为了补强或者修正一审公诉指控,以确保指控及其引起相应判决的正确性。从侦查的整体角度观察,初始性侦查与后续性侦查关联密切,不可分割,两者共同构成了完整的侦查制度。因此"补充侦查是原有侦查工作的继续,仍属侦查范畴"[②]。同时,在自行侦查过程中,检察机关不仅需要延续原有侦查推进诉讼进程,也应当依法对原有侦查开展监督,发现并纠正原有侦查中存在的违法行为,甄别排除非法证据,保障相关人员合法权益。所以,自行侦查具有侦查和监督的双重属性。

(三)特征分析

自行侦查虽属侦查,但具有其独特之处。一是具有补充性。其主要任务就是进一步收集证据,查明案件事实,保障公诉依法有效推进。所以自行侦查不是"另起炉灶",也不是重叠侦查,与原有侦查存在依附关系,但又因决定主体、执行主体和目标任务存在区别而相对分离。二是具有独立性。补充侦查虽然依附原有侦查产生,但相关工作的开展却是相对独立的。如是否开展补充侦查由检察机关决定;选择以退回补充侦查方式还是自行侦查方式开展由检察机关决定;补充侦查的具体事项由检察官通过补充侦查提纲确定;在退回补充侦查中,侦查人员应当按照补充侦查提纲的指引开展侦查,而在自行侦查中,则由检察人员自行开展,即便在特殊情况下邀请侦查人员参与,也只是配合协助。三是具有延续性。补充侦查是覆盖刑事诉讼侦查环节、审查起诉环节和审判环节的一项具有衔接作用的诉讼制度。其中审查逮捕环节补充侦查引导侦查机关进一步侦查,促进侦查环节与审查起诉环节相对接,而这一环节所能适用的补充侦查只能是特殊的引导侦查;审查起诉环节补充侦查的衔接性则是同时促进侦查环节与审查起诉环节、审查起诉环节与审判环节的对接,这一环节既能够适用退回补充侦查,也可以适用自行侦查。审判环节补充侦查则主要促进审查起诉环节与审判环节的对接,但这一环节能够适用的补充侦查只能是自行侦查。因此,只有自行侦查同时适用于审查起诉环节和审判环节,这

---

① 参见[日]田口守一:《刑事诉讼法》(第七版),张凌、于秀峰译,法律出版社2019年版,第47页。

② 樊崇义主编:《刑事诉讼法学》,中国政法大学出版社2013年版,第447页。

也意味着自行侦查工作可以实现自审查起诉环节至审判环节接续开展，具备延续性特征。

## 二、自行侦查适用现状及问题

### （一）适用现状

为了全面了解本地区自行侦查适用现状，一方面，我们通过汇总整理 2017 年以来 C 市检察机关补充侦查的相关数据，分析自行侦查开展情况；另一方面，我们采用问卷调查方式分别向 C 市公安机关侦查人员、检察机关刑检部门干警调查了解补充侦查工作现状，以期借助广大办案人员视角更全面地了解相关情况。

1. 相关数据分析

通过查询检察统一业务软件数据，2017 年 6 月至 2020 年 6 月，C 市检察机关共审查起诉一审刑事案件 19 965 件，退回补充侦查的案件（以下简称退查案件）共 3353 件。如下图所示，退回补充侦查率（以下简称退查率）为 16.79%。而 C 市同期全市检察机关的自行侦查案件数仅为 56 件，自行侦查率仅为 0.28%，仅为退查率的1.67%，如图 1 所示：

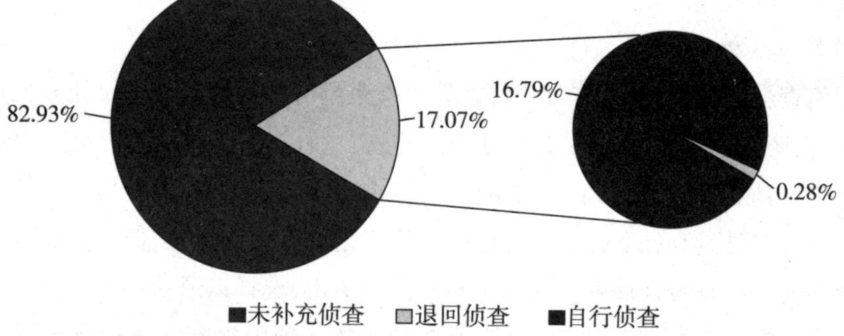


**图 1　补充侦查占比情况**

尽管这个结果只是数据统计情况，并不能完全代表实际情况，实践中公诉人自行开展调查取证工作也并不少见。自行侦查数据过低的原因很可能是统计口径和填写报送方面存在问题。

2. 问卷调查情况

一方面，我们向 C 市两级检察机关刑检部门检察人员发放问卷，着重调查了解自行侦查开展的相关情况。调查发现，有 73.6% 的受访检察人员表示将案件退回补充侦查的原因是证据不足；31.2% 表示原因是事实不清；6.4% 表示原因是期限不够（包括公安机关来不及侦查）；4.8% 表述原因是等待鉴定；2.4% 表示原因为遗漏犯罪嫌疑人或犯罪事实；另外，还有个别检察人员表示会因向上级请示，可能判处无期徒刑以上刑罚等其他原因退回补充侦查。

36%的受访检察人员表示需要核实相关证据时会选择自行侦查;32.8%表示当自行侦查更便捷时会选择;20.8%表示当需要开展侦查监督、排除证据等更适宜的情形下会选择自行侦查;有17.6%的受访检察人员表示在公安机关怠于侦查时会选择自行侦查。

有76%的受访检察人员表示开展自行侦查的困难是期限紧张,61.6%认为存在缺乏有效的协调配合,56.8%认为缺乏人员装备保障,52.8%认为缺乏有效的技术支持,32.8%认为是自身侦查能力不足问题。

另一方面,我们分别向C市公安局法制支队、刑侦支队、经侦支队、禁毒支队、食药环支队等部门侦查人员发放问卷了解退回补充侦查必要性的相关情况。调查发现,60.23%的受访者认为检察机关的一次退回补充侦查必要性充分,39.77%的受访者认为必要性一般。31.82%的受访者认为二次退回补充侦查必要性充分,52.27%的受访者认为必要性一般,2.27%的受访者认为必要性不充分。

(二)存在的突出问题

自行侦查功能强大,不仅具有普通侦查的功能,也具有证据补强、强化出庭公诉、强化侦查监督等功能①;同时其相对于退回补充侦查而言具有更高的效率价值。但该制度在实践运行过程中呈现出诸多不良现象和问题。

一是尚未形成关于自行侦查数据有效统计。虽然在检察统一业务软件中存在自行侦查的相关数据,但从统计结果来看,C市检察机关三年仅56件自行侦查数据明显与客观实际不符。究其原因,一方面是由于当前自行侦查数据为非必填项目,且无法自动从案件数据中抓取,数据是否全面真实有赖于办案人员填录情况;另一方面是系统中自行侦查为单一项目,其下并未设置相关子项,因而只能统计开展件数,无法反映相关具体情况。也就是说,目前尚无全面准确掌握自行侦查具体开展情况的有效途径。

二是自行侦查与退回补充侦查适用比例严重失衡。在向公安侦查人员的问卷调查数据显示,侦查人员认为当前退回补充侦查的案件中至少有四成不具有退查必要性,这在一定程度上印证了自行侦查适用不充分的问题。而这一现象也意味着补充侦查权可能被不当使用,其价值、作用未能得到充分体现和合理发挥,很可能存在司法办案资源被浪费,被追诉人被侵权等问题。

三是缺乏标志性节点和汇集载体。退回补充侦查以检察机关作出退查决定,制发退回补充侦查决定书,移交卷宗材料为起始点;以侦查机关重新移送审查案件为结束,补充侦查所收集的证据材料应当装卷成册,并与补充侦查报告书一并移送检察机关审查。如此便能清晰反映退回补充侦查的起止时间和补充侦查工作的具体情况。而在自行侦查中没有明确的起止节点和汇集载体,从而难以准确评估衡量补充侦查成效。

四是自行侦查随意性较大。“自行侦查的启动标准、侦查内容范围、侦查的方式等多

① 参见黄奇:《检察机关审查起诉环节补充侦查制度研究》,载《检察研究》2020年第1辑。

由检察官自主开展,随意性较大。"[①]实践中少有检察人员在开展自行侦查前制订详细的侦查计划或工作方案;很少事先评估自行侦查过程中可能面临的困难问题并制作相应预案;有的检察人员在没有全面审阅卷宗材料的情况下便零零散散地开展补侦工作。另外,在一些自行调查取证中存在调查取证程序违法问题,如有检察人员单人开展取证;有的检察人员以介绍信调取证据而非规范法律文书。

五是实际作用发挥有限。从问卷调查情况来看,大多数检察人员在需要核实相关证据或者认为更为便捷时会选择自行侦查,主要集中于开展调取相关书证、物证材料等简单的辅助性侦查工作,而对于讯问突破,排除非法证据,提取分析数据,组织勘验检查,重新开展鉴定等难度较大的侦查事项则大多退回公安机关处理。

## 三、相关问题原因分析

分析上述不良现状和问题,我们认为这些现象表征的出现有着多方面的原因,是诸多因素交织作用的结果,但主要有以下几个方面:

### (一)适用界限不明

界限不明是导致出现上述补充侦查方式选择随意,退回补充侦查适用过度而自行侦查少有问津的重要原因。2020 年 3 月,最高人民检察院、公安部联合出台了《关于加强和规范补充侦查工作的指导意见》(以下简称《指导意见》),对补充侦查中的诸多问题给予了明确指引,其中第九条、第十一条[②]分别列举了一般不退回补充侦查的情形和自行侦查更为适宜的情形,而这也是首次关于自行侦查和退回补充侦查情形较为详细具体的专门性规定。不过相关条文依然没有明确自行侦查与退回补充侦查的内在区别,没有厘清两者适用界限,也未明确两者适用原则和适用条件。

### (二)缺乏程序和规范支撑

自行侦查无须经历如退回补充侦查一般的程序交接,其期限与审查起诉期限或延期审理期限一致,理论上只要进入相应诉讼阶段,便可以开展自行侦查,由此,实践中往往

---

① 刘戈、闫平、陈彩华:《检察机关自行侦查权研究》,载《南方论刊》2019 年第 8 期。

② 《最高人民检察院、公安部关于加强和规范补充侦查工作的指导意见》第 9 条规定,具有下列情形之一的,一般不退回补充侦查:(一)查清的事实足以定罪量刑或者与定罪量刑有关的事实已经查清,不影响定罪量刑的事实无法查清的;(二)作案工具、赃物去向等部分事实无法查清,但有其他证据足以认定,不影响定罪量刑的;(三)犯罪嫌疑人供述和辩解、证人证言、被害人陈述的主要情节能够相互印证,只有个别情节不一致但不影响定罪量刑的;(四)遗漏同案犯罪嫌疑人或者同案犯罪嫌疑人在逃,在案犯罪嫌疑人定罪量刑的事实已经查清且符合起诉条件,公安机关不能及时补充移送同案犯罪嫌疑人的;(五)补充侦查事项客观上已经没有查证可能性的;(六)其他没有必要退回补充侦查的。第 11 条规定,人民检察院在审查起诉过程中,具有下列情形之一,自行侦查更为适宜的,可以依法自行开展侦查工作:(一)影响定罪量刑的关键证据存在灭失风险,需要及时收集和固定证据,人民检察院有条件自行侦查的;(二)经退回补充侦查未达到要求,自行侦查具有可行性的;(三)有证据证明或者有迹象表明侦查人员可能存在利用侦查活动插手民事、经济纠纷、实施报复陷害等违法行为和刑讯逼供、非法取证等违法行为,不宜退回补充侦查的;(四)其他需要自行侦查的。

认为无须针对自行侦查构建专门的程序。同时在对补充侦查“补充性”片面认识的作用下,又易导致形成自行侦查只是用来解决一些简单侦查事项的辅助工具,因而无须加以专门规范和指引的观点。或许正是基于这些观点和看法,当前尚无规范性文件就自行侦查的开展情形、程序、事项、权限等作出相应规定。没有规范和指引,则往往只能“自行其道”,出现工作随意和不规范情形的可能性便大大增加了。

(三)缺乏有效的考核和监督

由于自行侦查缺乏程序支撑导致目前无法全面准确统计相关数据的问题,也反映出对于自行侦查宏观方面难以检测与评估的问题。事实上在微观方面同样存在问题。当前,检察机关结合司法责任制改革,不断强化内部监督,优化案件考评机制,尤其引入“案—件比”概念对办案工作质效予以更为科学全面的分析和评价。但从最高人民检察院发布的《检察机关案件质量主要评价指标》内容来看,仅将自行侦查率作为审查起诉环节的评价指标。也就是说,目前的考核评价还仅仅停留于检察官是否开展自行侦查,开展数量、占比等表象方面,尚未关注具体工作开展的质量和效果。

在监督方面也存在问题。虽然检察机关检务督察部门会定期开展案件评查,组织一定规模的评查小组随机抽取或针对专门类型案件逐案开展阅卷评查,但由于自行侦查没有规范程序和载体,因此即便通过直接阅卷方式,也很难从零散材料中掌握相关工作开展的具体情况,更无法实现事前监督,在不利结果发生前及时纠正存在的问题。

(四)自行侦查能力不足

在自行侦查过程中,往往也会碰到情况复杂、难度较大的侦查任务,便需要像开展普通刑事侦查一样,具备专业的侦查业务知识和技能,否则难以完成难度较大的侦查任务。然而检察官们往往缺乏的就是开展刑事侦查的能力和经验,尤其在检察机关自侦部门转隶,职务犯罪侦查权剥离以后,检察官群体缺乏侦查能力的情况呈现出整体化。而上述问卷调查相关数据也表明,有三成左右的受访检察人员表示开展自行侦查的困难在于侦查能力的不足。另外,自行侦查能力不足还表现在技术侦查方面。目前,虽然C市大多数检察院设有检察技术部门,但无论是侦查设备方面,还是技术人员配备方面均非常薄弱,只能在少数领域提供简单的技术支持,无法开展检验、鉴定、密码破解、数据分析等难度较大的侦查工作。

(五)缺乏相应的保障制度

自行侦查在很多时候需要人员、车辆、警力等诸多方面的支持,有时还需要其他部门、系统、单位的协助。另外,虽然补充侦查主要解决刑事侦查和起诉的相关问题,但相关事实的查明又往往依托于某些非法学专业问题的解决,而检察官们往往又不具备独立解决相关专业问题的能力和知识背景。目前在装备保障和专业保障方面都缺乏有力的支撑。

## 四、优化自行侦查权运行的建议

### （一）构建自行侦查权适用支持体系

虽然自行侦查权只是补充侦查权的组成部分，但其正常有效运行依然需要相对独立的程序、规范等作为支持，否则无法充分有效发挥其自身的独特功能价值。

1. 明确自行侦查适用范围

我们认为正确的适用范围是正确行使权力的前提条件，而要明确自行侦查的适用范围，首先需要明确其与补充侦查和退回补充侦查之间的逻辑结构与适用关系。补充侦查由自行侦查与退回补充侦查共同组成，也是两者的上位概念，所以自行侦查和退回补充侦查都应在补充侦查的适用范围内开展，即《人民检察院刑事诉讼规则》确定的“犯罪事实不清、证据不足或者遗漏罪行、遗漏同案犯罪嫌疑人等情形”。而在补充侦查内部，自行侦查与退回补充侦查应是分工合作关系，通过各自功能特点的发挥分别满足不同补充侦查需要。

自行侦查的适用范围应当是无须、不宜、不能退回补充侦查的补充侦查案件。其中无须退回补充侦查情形主要包括案件个别事实情节需要查明或核实，个别证据材料需要调取或固定的情形。这些工作相对简单，无须投入大量时间和人力开展全面、系统性侦查，因而没有退回补充侦查的必要性。不宜退回补充侦查主要是指有证据或迹象表明存在违法侦查、非法取证可能，需要开展侦查监督或者重新取证；以及情况紧急，不及时调查取证可能导致证据灭失等情形。而不能退回补充侦查具体是指审判环节的补充侦查，此诉讼环节禁止退回补充侦查，否则便是明显的程序倒流。因此检察机关适用自行侦查没有困难，可以节约办案时间，提高办案效率以及自行侦查更有利于正确认定事实，取得案件证据。①

2. 设置自行侦查独立程序

上文在问题分析中已经提到，缺乏相应程序支撑极易导致自行侦查工作的随意化、零散化；在缺乏系统性、规范性的情况下，其侦查效果往往低下；没有程序标志和工作载体，相关侦查情况难以呈现，即使存在问题也不易被发现并及时纠正。所以，构建自行侦查的独立程序是非常必要的。一是需要设置相应启动程序，以便在启动过程中充分考量自行侦查的必要性，同时制作开展自行侦查的决定书，以便留下程序标识信息，为后续的统计和监督管理提供可能。二是需要设置相应审核批准程序。虽然大多数自行侦查工作并不触及当事人人身、财产权利的行使，但在某些情况复杂特殊的案件中依然可能采用拘传、搜查、查封、冻结、扣押等强制措施，因而需要就不同类型侦查措施设置相对应的审查批准权限，形成有效的内部监督制约，以防侦查权被不当使用。三是需要设置完成节点，要求检察人员在完成自行侦查相关工作后及时制作相应报告书，以便检察人员总

---

① 参见王爱立、雷建斌主编：《刑事诉讼法立法精解》，中国检察出版社 2019 年版，第 313 页。

结分析自行侦查的开展情况与处理结果,确保自行侦查能够形成完整的程序形态。当然,这些程序的期限设置应当在审查起诉期限、延期审理等法定期限内科学设置。

3. 明确自行侦查相关具体规范

在设置上述程序的基础上,还需要设定关于自行侦查工作开展的相应规范,以使调取的证据和查明的事实真实可靠。一方面,自行侦查作为侦查的特殊形式,应当与普通刑事侦查规范进行对接,包括侦查主体、手段方式、取证程序等各个方面;另一方面,其作为法律监督手段之一,应当遵循检察机关开展侦查监督、审判监督等工作方面的规范要求。另外,对于审判环节自行侦查权尚无规定等规范缺失性问题,也建议通过制定或修改相关规范性文件予以填补完善。

(二)探索自行侦查、退回补充侦查的组合适用模式

自行侦查适用率过低的重要原因是没有独立期限保障。对此,有观点提出应当在刑事诉讼立法中给检察机关设定专门的自行侦查期限①;也有观点认为,除了需要为自行侦查设定单独期限外,还应设置可延长期限区间,以便满足复杂案件自行侦查的需要②。但我们认为上述观点值得商榷。

一方面,自行侦查虽然属于原有侦查的补充,但也是检察机关刑事诉讼活动的重要形式,主要任务是帮助检察人员完成审查起诉、出庭公诉等任务,因而自行侦查相关工作的性质应当与其所处诉讼阶段检察机关相应工作的性质一致,即应属于审查起诉或者出庭公诉的工作内容,所以在已经设置审查起诉期限、延期审理期限的情况下再为其单独设置期限的理由并不充分。另一方面,虽然自行侦查与退回补充侦查相对独立,各有侧重,但从整体角度而言,两者皆为补充侦查,在补充侦查内部形成的是相辅相成、密不可分的同体互补关系,而非排斥关系。同体互补关系意味着具备分工基础,加之当前并无法律规定禁止两者并行使用,具备两种补充侦查方式组合适用的可能。

自行侦查期限紧张情形并非所有案件都会出现,只有在情况复杂,难度较大,且存在诸多不宜、不能退回补充侦查事项时,才会对期限形成巨大压力。对于这类案件,我们认为可以尝试通过自行和退回两种方式的组合适用,分流不同事项,将适宜、可以退回补充侦查的事项退回补充侦查,同时将不宜、不能退回侦查的事项自行侦查。退回补充侦查是具有独立期限设置的,因而在组合适用方式下,不仅可以实现工作分流,也能实现期限的共用,进而破解自行侦查期限保障不足的问题。

(三)完善自行侦查的监督考评机制

首先,相关模块需要优化完善。我们认为,需要结合上文关于设置自行侦查独立程序的建议,优化对应的统计模块设置,增加相关数据自动抓取功能,并将无法自动抓取的

---

① 参见洪春、丁建玮、陆秀勇:《检察机关自行侦查权的制度设计》,载《人民检察》2019 年第 10 期。

② 参见刘戈、闫平、陈彩华:《检察机关自行侦查权研究》,载《南方论刊》2019 年第 8 期。

必要数据作为案卡必填项目手工录入,进而激活相应统计分析功能。

其次,相应监督考评需要单列。一方面,这是突出自行侦查重要性,改变相关认识偏差的需要;另一方面,也是强化监督、评价工作的需要。破解当前监督考评缺乏及时性、准确性、深入性等问题,需要单独设计设置专门监督考评项目。主要原因在于当前已有的监督考评大多针对的是案卷审查、文书制作、流程规范等被动性、传统型审查工作,与能动性要求较高的自行侦查存在明显区别,而相应的监督考评也需要"量身定制"。

最后,需要创新监督考评方式。由于监督考评专职人员力量和能力有限,所以传统的监督考评大多以抽样、抽查等形式展开,普遍存在"以点概面"的缺陷,即便抽调人员开展工作也无法有效破解这一问题。我们认为需要探索新的监督考评方式。如可以尝试探索组织本部门本单位办案人员随机互查等方式来弥补全面性、及时性不足的问题。

(四)构建全面的保障

一方面,构建多层次人员保障机制。对于简单的自行侦查案件,一般由办案组内部检察官、检察官助理、书记员相互配合即可完成,但是对于情况复杂,工作事项较多的案件,则往往需要更多支持。在部门层面,建议构建互助机制,统筹组织多个办案组分工合作完成补充侦查;在单位层面,建议构建跨部门协作机制,利用不同部门、办案组职能专业优势共同解决相对复杂事项。另外,还应将自行侦查工作纳入警力保障范围,以便拘传、搜查、扣押等高强度工作的展开。值得一提的是,强化人员保障也是缓解自行侦查期限保障不足问题的有效路径之一。

另一方面,构建行装保障机制。监察体制改革后,不仅大批"两反"力量转隶至监察机关,很多侦查装备一并移交,很多关于保障自侦工作的行装机制和文件也随之"失效",而当前并无针对自行侦查的行装保障。建议参照"两反"相关保障机制进行重构。包括相关装备购置预算、侦查装备管理使用、车辆设备优先使用等机制。

(五)优化专业化支撑

建议加强专业化办案团队建设,建立健全专门教培机制,保障检察人员定期参加专业培训尤其侦查专业的学习和实践锻炼,不断提升检察官及办案团队解决自行侦查过程中相关问题的能力和水平。但是,检察人员专业范围拓展幅度和能力提升速度毕竟有限,仅仅通过这一方式并不能及时有效破解专业能力不足的困局。因而同时建议强化办案智库建设,引进更多领域专家学者进入专家库,进一步拓展专业咨询支持保障的覆盖面,提高外脑支持的质量水平,并通过完善相关保障机制,确保办案人员在补充侦查过程中能够及时获得优质高效的专业支持。

# 行政公益诉讼领域监检衔接对合互补关系研究

江苏省淮安市人民检察院课题组*

**摘要**：监检衔接除表现为审查调查和审查起诉“前后相承”和司法渎职侵权领域“双轨并行”的关系外，在行政公益诉讼领域亦存在对合互补关系。监察机关和检察机关在职能履行中都需对事调查，且调查方式存在的交叉。同时，因履职重点和对象的不同，二者在线索移送、证据收集和处置方式上可相互补充。因该领域监检衔接规范性指引不足、司法实践成果较少，有必要从建立线索移送共享、证据通识等方面完善办案衔接机制，搭建衔接办案平台，共同推进社会治理。

**关键词**：公益诉讼　审查调查　对合互补　监检衔接

## 一、问题的提出

监察体制改革后，检察机关职务犯罪侦查职能转隶至监察机关，从两者职能衔接的角度来看，可以定性为审查调查和审查起诉“前后相承”的监检衔接关系。修改后的《刑事诉讼法》赋予检察机关在司法渎职侵权领域部分侦查权，在该领域与监察机关形成职能管辖的交叉互涉，可以定义为“双轨并行”的监检衔接关系。随着公益诉讼检察职能的发展完善，以行政公益诉讼为例，其主要系对行政行为合法性的审查判断和处置，广义上系“由事到人”的检察监督，而监察调查主要是“由人到事”的监察监督，两者存在对合关系，同时考虑到行政公益诉讼履职中可能发现职务违纪或者违法，而监察调查也能发现公益诉讼线索，两者之间又存在互补关系。本文认为有必要以“对合互补”为角度，开展公益诉讼和监察调查职能衔接研究。

---

* 课题负责人：王新阳，江苏省淮安市人民检察院副检察长。课题组成员：杨杨，江苏省淮安市人民检察院研究室副主任；王园园，江苏省淮安市清江浦区人民检察院第三检察部副主任；唐新宇，江苏省淮安市淮阴区人民检察院第一检察部副主任；任欢，江苏省淮安市淮阴区人民检察院第五检察部主任。本文系 2020 年度最高人民检察院检察应用理论研究课题“监检衔接三重维度整体构建研究”的阶段性成果。

## 二、行政公益诉讼和监察调查比较

### (一)行政公益诉讼

1. 概念

广义上的行政公益诉讼是指“国家、社会组织或公民个人以原告的诉讼主体资格,以行政职能部门为被告,向法院提起诉讼,通过法院依法审理,追究行政职能部门的法律责任,回复公共利益的诉讼制度”[①]。从狭义上讲,行政公益诉讼指检察机关提起的行政公益诉讼。

2. 特征

(1)公益性是主要特征。就公共利益内涵而言,公共利益不仅包括国家利益、社会公共利益,也包括特定群体的公共利益。公益诉讼的根本目的是维护国家和社会的公益,也包含了维护不特定大多数人的利益。行政公益诉讼的公益性特征往往体现在其不履职或者怠于履职造成的国家和社会公共利益的损害。

(2)以诉讼为兜底手段。行政公益诉讼中,检察机关履职发现公益损害后,通常以检察建议的方式督促相关行政职能部门履职或改进履职。如行政职能部门对行政公益诉讼置之不理,诉讼就成了检察机关维护公益的最后手段。

### (二)监察调查

1. 概念

监察体制改革下,纪委、监委合署办公,监察调查是指监察委员会依法对监察对象涉嫌职务违法、犯罪问题进行调查的一种措施(包含了党纪调查、政纪调查和刑事调查)。《监察法》第 11 条规定,“监察委员会依照本法和有关法律规定履行监督、调查、处置职责:……(二)对涉嫌贪污贿赂、滥用职权、玩忽职守、权力寻租、利益输送、徇私舞弊以及浪费国家资财等职务违法和职务犯罪进行调查”。

2. 特征

(1)执纪和执法的统一。各级纪委和监委在党的统一领导下开展工作,履行纪律检查和国家监察两项职能,既实施党章规定的监督执纪问责职责,又实施《宪法》《监察法》规定的监督调查处置职责,既是执纪机关又是执法机关,体现执纪和执法的统一。

(2)监察全覆盖。《监察法》第 11 条明确了对职务违法和职务犯罪进行调查,该法第 15 条列举了 5 类人员,并以“其他依法履行公职的人员”作为兜底,实现了“监察范围全覆盖、无死角”[②]。可以看出,监察对象既包括行政机关工作人员,也包括法律、法规授权或者国家机关依法委托管理公共事务的组织中从事公务的人员、国有企业管理人员等,实现了对行使公权力的公职人员监督的全覆盖。

---

① 赵许明:《公益诉讼模式比较与选择》,载《比较法研究》2003 年第 2 期。

② 参见陈光中、邵俊:《我国监察体制改革若干问题思考》,载《中国法学》2017 年第 4 期。

（三）对比研究

《宪法》第127条和《监察法》第4条均规定监察委员会依照法律规定独立行使监察权，不受行政机关、社会团体和个人的干涉；监察机关办理职务违法和职务犯罪案件，应当与审判机关、检察机关、执法部门互相配合、互相制约。可见监察机关、检察机关之间关系是互相配合、互相制约的关系。

1.差异性研究

（1）监督对象不同。从《监察法》的规定来看，监察机关的监督对象是所有行使公权力的公职人员，行政公益诉讼中有关行政机关工作人员违法失职行为，当然也在监察机关的监督范围之内。而检察机关行政公益诉讼针对的是行政机关的违法行为或不履职行为等，监督的是行政机关的行政行为。当然行政公益诉讼过程中，检察机关也要行使对审判机关进行诉讼监督的职权。

（2）监督范围不同。监察机关依法对职务违法和职务犯罪进行调查，因此其监督范围非常广泛，既包括具体行政行为，也包括抽象行政行为，既包括行政行为的合法性，也包括行政行为的合理性。而检察机关行政公益诉讼范围是行政机关怠于或者不行使行政行为且损害公共利益的行为，这种行为是具体行政行为，而且一般是针对行政行为的合法性进行监督。当然，如果合法的具体行政行为严重违反比例原则，且严重损害公共利益的，也成为行政公益诉讼的监督范围。

（3）监督方式不同。监察机关可以对违法乱纪的公职人员作出实体的违纪处罚，同时对犯罪的公职人员作出移送司法机关处理的处置。而检察机关行政公益诉讼一方面是督促行政机关部门履职或者改进履职；另一方面是以诉讼为最终手段，要求被告合法合适履行职责，作出由行政相对人恢复国家和社会公共利益或者赔偿公益损失的决定，并督促行政相对人履行义务。

2.对合性研究

（1）都存在对“事”的调查。不管是由人到事，还是由事到人，无论监察调查还是行政公益诉讼的调查，均要把有无职务违法犯罪或行政违法行为调查清楚，方能作出相应的处理。区别在于调查核实后所作出的处理不同，监察机关对被调查人作出调查处置结论，而检察机关则主要针对行政违法行为对相关行政机关发出检察建议，或者提起诉讼。

（2）取证手段存在交叉。监察机关会采用谈话、询问等措施进行案件调查，检察机关在对行政公益诉讼案件调查时也会使用谈话、询问等措施。但是在对人和财物的强制措施上，监察机关可以依法适用《监察法》规定的留置、冻结、调取、查封、扣押等调查措施，而行政公益诉讼案件办理过程中则原则上不采用限制人身自由和财产的措施。

3.互补性研究

（1）由人到事和由事到人线索的互补。监察机关一般都是对人的处置，通常是采取由人到事的查处模式,最终落实到对人的处理决定上。而检察机关行政公益诉讼的调查则是由事到人,一般是发现损害国家和社会公共利益的客观事实,然后调查损害主体和对损害主体有行政监管职责的行政机关,这一过程中也可能发现违法失职的行政执法人员。因此,监察机关审查调查中发现的行政违法"事"的线索,或检察机关办案中发现的行政执法人员的职务违法犯罪"人"的线索,可以移送互补。

(2)证据的互补。监察机关和检察机关由于案件办理的侧重点不同,故收集证据的重点方向、内容有所区别。监察机关和检察机关都有可能由于证据的不全面导致对整个人、整个事的定性不准确。监检之间证据的互补有助于更准确地对人或事进行定性,避免信息不对称出现误判。

(3)处置方式的互补。诉讼是检察机关履行行政公益诉讼职能的兜底手段,如果通过诉讼的方式,国家和社会的公共利益均已经得到保护,行政公益诉讼目的得以实现。但对违法失职的行政执法人员,却无法通过行政公益诉讼途径解决其责任问题。故对于办案发现的行政执法人员怠于履职或不作为、乱作为的情况,检察机关仍可移送监委调查处置。

需要注意的是,如因行政机关履职不力造成了不可挽回的损失,即使督促行政单位进行整改,或者提起行政公益诉讼,实质上也无济于事,那么检察机关将相关违法或者违纪线索移送监察机关应当是最优选项。

## 三、"对合互补"的价值意义和实践困境

2019 年,上海市虹口区人民检察院在办理上海物华大楼国有资产流失行政公益诉讼案件过程中,发现时任虹口区公房资产经营有限公司总经理乐某某侵吞国有资产,随即检察院将职务犯罪线索移交当地监委,后虹口区检察院以贪污罪对乐某某提起公诉。本案中,国有资产流失属于公益诉讼检察职能履职范畴,而贪污国有资产行为属于监察职能履职范畴,正因为检察机关线索的移送,不仅维护了国家利益,更有效清除了腐败分子。该案的成功办理,应该说体现了监检"对合互补"巨大的价值和意义。

### (一)价值意义

1. 有效形成反腐合力。办案是检察工作的基础和核心,各级检察机关要以办案为中心,通过充分行使检察职能,为反腐败斗争作出贡献。① 以行政公益诉讼检察职能为代表形成的"对合互补"监检衔接关系,说到底是对国家反腐的支持,维护的是公务人员职务的廉洁和履职的正当。监检衔接能更好地形成反腐合力,避免死角和漏洞的出现。

2. 有效实现公益保护。新时代政法改革任务涉及面广,不仅需要政法机关之间密切

---

① 参见尹伊君:《充分行使检察职能为反腐败斗争作出贡献》,载《人民检察》2019 年第 3 期。

协作,也仰仗人大、政府、政协、监察机关等各方面的大力支持。①《监察法》规定各级监察机关对所有行使公权力的公职人员实行监督全覆盖,可见监察机关的职能是总体、全面的。应当对检察机关开展检察监督工作进行兜底性的支持。检察机关开展行政公益诉讼检察工作,旨在保护国家和社会公共利益,与监察职能的衔接,有利于检察机关该项职能的实施。从另外一个角度讲,国家机关的合法高效正当履职和公务人员职务的廉洁性也是更大的国家和社会公共利益。

3. 有效促进社会治理体系现代化建设。“绿水青山就是金山银山”的绿色发展理念已经深入人心,生态环境治理建设体现着党和国家的治理能力。而生态环境保护正是行政公益诉讼保护的重中之重。我国以行政职能部门履职、环境民事公益诉讼和生态环境损害赔偿诉讼为核心发展出了一套私法主导的生态损害救济体系。该体系的建立对环境保护和法治发展具有重要意义②。检察机关行政公益诉讼职能正是行政机关履行生态环境治理保护职能的重要保障和救济手段。可见,监察机关和检察机关在社会治理现代化建设中承担着重要角色,一方面,其本身便是社会治理体系中的一个重要节点;另一方面,监检各自在促进社会治理方面有着重要作用,促进社会治理既是两个机关工作出发点,也是工作的目标。做好监检衔接,便是最大限度地促进社会治理体系现代化建设。

4. 有效促进法治化营商环境建设。监察职能和检察机关行政公益诉讼职能的衔接,实质是更好地体现职能部门办事的高效以及生态环境、法治环境的良好。高效、务实、廉洁的政务服务,天蓝、地绿、水清的生活环境,以及公正效率的法治环境,更是留住人才、发展经济必不可少的选项。

(二)实践困境

1. 规范指引不足。不管是国家层面还是地方层面,有关行政公益诉讼检察职能与监察职能衔接的规范性文件很少,实践中各级各地的操作方式方法也是不尽相同。在刑事法律层面,《监察法》和《刑事诉讼法》的衔接制度建设已经逐步展开并取得一定成效,但是在民事和行政法律层面,监检职能的衔接缺乏明确规定,亟须制度探索。

2. 实践成果较少。实践中由于对衔接移送的标准和要求理解不一致,往往会出现怠于移送案件线索和不当移送案件线索的情形。同时由于由人到事和由事到人办案模式的不同理念,很难要求移送的相关证据达到确实充分的程度。因而实践中更多的是将案件线索进行互相移送,即便如此,由于衔接机制的缺乏,也不可避免造成线索遗漏。

3. 履职能力差异。监察机关履职情况应该说已经处于逐渐过渡到成熟阶段的一个过程,毕竟机构的转隶和改革都是反腐资源的重新配置。而检察机关的行政公益诉讼职能也是新生事物,在履职中也需不断探索和创新,仍然有一个发展的过程。就涉及行政

① 参见黄文艺:《新时代政法改革论纲》,载《中国法学》2019 年第 4 期。
② 参见刘静:《论生态损害救济模式的选择》,载《中国法学》2019 年第 5 期。

公益诉讼方面，监检在履职能力、履职方向的发展未必同步，存在差异，这也给衔接工作带来困扰。

## 四、“对合互补”衔接路径研究

2018 年，海南省儋州市洋浦经济开发区人民检察院与当地纪工委和监察委会签文件，建立日常联络机制、每季度通报案件数据、案件线索双向移送机制，并明确洋浦纪检监察机关在工作中发现公益诉讼案件线索应及时向检察机关移送，洋浦检察机关在办理公益诉讼案件中，发现涉嫌职务违法、职务犯罪线索，应及时向纪检监察机关移送。同时，建立纪检监察机关支持公益诉讼工作机制，依法查处在公益诉讼过程中不配合的消极行为。这虽是地方监检两机关在公益诉讼领域的工作探索，但对完善监察机关和检察机关公益诉讼职能衔接有重要的借鉴和参考。我们建议当前可从以下几个方面加强监检在行政公益诉讼领域的衔接。

### （一）完善办案衔接机制

1. 建立线索移送共享机制。监察机关和检察机关机关应当建立行政职务违法和行政公益诉讼线索的移送共享机制及线索移送后的跟踪反馈机制。检察机关应跟踪移送的行政执法人员涉嫌职务违法犯罪案件的进展，如遇重要案件也可提请上级检察机关与同级监察机关沟通处理。对于监察机关移送检察机关的行政公益诉讼线索，检察机关办理的后续情况也应及时向监察机关报备反馈。

2. 建立提前介入机制。对检察机关在履行公益诉讼检察职能时发现的一般贪污、受贿、渎职等线索以及违纪、违法线索，监察机关可以提前介入检察机关案件办理，对证据收集等作出指导。尤其在国有财产保护方面，监察机关责无旁贷。

3. 建立证据采信机制。监察机关和检察机关都是《宪法》赋予职能的公权力机关，虽然职能有区别，但均是依照基本法律采取调查核实活动，其法律行为的要式要求是一致的。因此，在监检衔接过程中，各自基于查办案件获得的证据，应当在各自的办案环节均认可其证据能力和证明力，从而提高办案效率，减少不必要的重新调取。

### （二）监检衔接平台建设

1. 办案平台建设。信息化时代的大背景下，监检两机关可以建立统一的信息推送平台，在案件线索进入移送环节时，可以通过平台进行智能化推送，在案件处理终结后，程序性信息和实体处置结果也可以及时通过统一平台推送共享。

2. 办案装备建设。随着科技日新月异地发展，侦查技术、办案装备等也都在发展，外脑、专业人士、无人机的使用等也成为案件办理的重要资源，更好地做好监检职能衔接，必然要加强装备等硬件设施的协调使用配置，优化资源共享。

### （三）强化队伍交流建设

监察职能和检察职能有太多的相似之处，同时也存在很大的差异。业务和队伍的交流显得极为重要，良性互助的交流不仅有利于工作程序上的便捷开展，更有利于在案件实质上形成共识，体现政治、法律、社会效果的统一。监检双方需要坚持原则性与灵活性相统一，依法解决好互相配合、互相制约问题。在工作中，要坚持程序和实体两手抓。[①]在业务上，要加强人员同堂培训，促进办案观念、理念一致，促进对法条、规范认识趋同，减少误判，共同提升办案效果。

（四）协作参与社会治理

监察机关以监察建议的形式发出社会治理意见，而检察机关推进社会治理的载体是检察建议和诉讼。社会治理现代化必然要求监检共同协作，在公益保护领域以监察建议、检察建议互补形式促进社会治理，从而加强行政机关人员管理和依法、依规执法办事，推进法治国家、法治社会、法治政府一体建设，促进社会治理现代化的发展。

① 参见苗生明、张翠松:《职务犯罪案件监检衔接问题研究》，载《国家检察官学院学报》2019 年第 3 期。

# 认罪认罚案件反悔权研究

石继耀　王　蓉*

**摘要**：基于具结书契约性和保障认罪认罚自愿性的内在要求，反悔权的设置应是认罪认罚从宽制度的应有之义。但为防止权利被“技术性”或“策略性”滥用，导致诉讼效率降低和资源浪费，行使反悔权应当具备正当理由，包括认罪认罚非自愿、非明智，没有犯罪事实或出现新证据，刑罚明显不当等。被追诉人反悔后，需解决好权利救济问题，对因认罪认罚获取的有罪供述应排除适用，转为普通程序审理。对反悔上诉的，检察机关应秉持客观公正立场，区别情形，审慎行使抗诉权。

**关键词**：认罪认罚　反悔权　必要限制　权利救济

## 一、问题的提出

2018 年 10 月修改后的《刑事诉讼法》正式确立了认罪认罚从宽制度。这一制度是对《刑法》第 67 条规定的自首、坦白可以从宽刑罚运用原则的深化和发展，旨在推动刑事案件繁简分流、提升诉讼效率、优化司法资源配置。然而，随着认罪认罚从宽制度的全面推行，实务中也产生了一些新的问题，其中尤以被告人在获得从宽量刑后的“违约上诉”现象比较典型。由于立法上的缺位，对犯罪嫌疑人、被告人（以下简称被追诉人）认罪认罚后是否具有反悔权、反悔后可能引发的不利后果、反悔是否应该受到限制、检察机关应否抗诉等问题越来越在实践中受到关注。

据统计，2019 年全国适用认罪认罚制度起诉案件中，法院审结 672 700 人，上诉率 3.5%；截至 2020 年 2 月，该数据上升至 6.16%。以江苏为例，2020 年 1—4 月，全省检察机关适用认罪认罚从宽制度审结一审公诉案件 17 985 件 25 478 人，上诉 760 人，占判决

* 石继耀，江苏省镇江市人民检察院法律政策研究室主任；王蓉，江苏省丹阳市人民检察院办公室干部。

人数的 5.52%；仅 4 月一个月，提出确定刑量刑建议获法院采纳后上诉的就高达 31 人。[①]在这些案件中，被追诉人通常没有任何新的事实或证据，也无正当理由，仅以“技术性”或“策略性”上诉，试图利用上诉不加刑原则，进一步降减刑期，或借此延长诉讼周期，从而达到留所服刑，逃避参加监狱劳动之目的。此外，审查起诉及法庭审理阶段亦出现被追诉人签署认罪认罚具结书后推翻有罪供述的情形。反悔权的滥用不仅折损了认罪认罚从宽制度的效益价值，也在一定程度上抑制了真正有价值的上诉，增加了司法办案成本。

## 二、认罪认罚案件中反悔权的正当性依据

“反悔权”作为一项法律上的权利，最初源于经济法领域。我国刑事法律体系并未纳入“反悔权”“撤回权”等概念，但《刑事诉讼法》第 201 条第 1 款规定：“认罪认罚案件中，被告人否认指控犯罪事实的，人民法院在作出判决时，可以不采纳检察机关指控的罪名和量刑建议。”也就是说，若庭审中，被追诉人否认自身犯罪事实，则公诉机关指控的罪名和量刑建议对法院并没有约束力，先前达成的认罪认罚协议失去效力。该条第 2 款规定：“若被告人、辩护人对量刑建议提出异议，人民检察院不调整量刑建议或者调整量刑建议后仍然明显不当的，人民法院应当依法作出判决。”也说明如果被告人或其辩护人对量刑建议不服，则该量刑建议可能会被调整或者失去效力，由法院直接依法判决。这些实质上都是被追诉人享有反悔权的体现。

赋予被追诉人反悔程序的回转机制也是保障认罪认罚自愿性的应有之义。认罪认罚从宽制度的核心即是被追诉人认罪和认罚的真实性、自愿性，这当中包含两个方面的内容：其一是自愿选择，即被追诉人承认自身犯罪行为，作出不利的有罪供述是在明知认罪认罚性质及后果基础上作出的选择，从而换取诉讼程序的从简和量刑上的“优惠”，而非通过强迫、欺诈、威胁等手段实现。其二是自由选择，即被追诉人有权选择在任何法律允许的时间内认罪认罚，或者选择不予认罪，侦查机关、公诉机关和审判机关应当予以接受，不能强迫或变相强迫被追诉人始终保持认罪状态。换言之，赋予被追诉人反悔权是保障认罪认罚自愿性的应然内涵。

不可否认的是，认罪认罚具结书本质上具有公法意义上的“契约”性质。契约的核心即契约自由，检察机关和被追诉人就认罪认罚事宜协商达成合意签署具结书，程序上具有过程的协调性和结果的契约性，经法院审查确认后产生预期效果，在此之前，被追诉人当然有权修正自己的意思表示。加之实践中，被追诉人获得法律帮助的权利尚未都得到充分保障，对于认罪认罚法律后果的全面理解以及量刑协商的深入参与有限，赋予反悔权也是保障被追诉人合法权益，为其提供程序性救济的“最后一根稻草”。

① 《江苏省人民检察院 2020 年 1—4 月全省检察机关适用认罪认罚从宽制度情况通报》，载 http://www.js.pro/bmdh/dyjcb/yb_qktb/202005/t20200513_4014.shtml，最后访问日期：2020 年 5 月 25 日。

## 三、认罪认罚案件中反悔权行使的具体情形及限度

### （一）被追诉人反悔的情形

《刑事诉讼法》第 120 条规定，侦查人员在讯问犯罪嫌疑人的时候，应告知其认罪认罚的法律规定。换言之，认罪认罚最早启动于侦查阶段，但此时的认罪认罚很大程度上是一种单向的意思表示，缺乏量刑协商的前提条件，其效力处于待定阶段，侦查机关只能记录有关情况并随案移送。检察机关在获知犯罪嫌疑人愿意认罪认罚信息后，仍要对其进行权利告知，征询适用意见，达成合意后签署认罪认罚具结书。因此，检察环节特别是审查起诉阶段是认罪认罚从宽制度最核心的一环，我们这里所探讨的被追诉人反悔，也主要是指在犯罪嫌疑人、被告人与检察机关达成量刑具结后，又对协商作出的否定性评价行为，具体表现为撤回认罪答辩和提起上诉两种情形。

1. 撤回认罪答辩。撤回认罪答辩是被追诉人在签署认罪认罚具结书后，法院开庭审理前，对自身犯罪事实或有罪供述的撤回。根据“认罪认罚从宽制度告知书”内容规定，被追诉人要求撤回认罪认罚具结书，应书面向办案机关提出申请并说明理由。撤回后，原本签署的具结书内容失效，从宽处罚的量刑建议失去存在前提，检察机关应在全面审查事实证据基础上，综合犯罪情节、性质等依法提起公诉。

2. 提起上诉。被追诉人提起上诉是对认罪认罚具结书及一审裁判结果的否定，在法定上诉期届满之前，一审判决尚未生效，认罪认罚从宽程序也并未就此终结，此时提起上诉的行为，应视作对认罪认罚的反悔。实践中常见的是法院采纳了检察机关的指控罪名和量刑建议，并在量刑幅度内依法作出裁判，但被追诉人却以不符合认罪认罚的心理预期，在没有新的事实、证据和正当理由的情况下，仅以量刑过重为由提起上诉，恶意利用“上诉不加刑”原则，试图得寸进尺，再次获得从轻处理机会；或在一些轻微刑事案件中，伺机上诉，期望达到留所服刑的目的。

针对滥用上诉权的问题，不少学者和办案人员主张在轻罪案件中建立一审终审制，也有建议在速裁程序中探索自愿签署放弃上诉权协议。诚然，实践中不乏企图利用反悔权实现额外利益的侥幸行为，但借此否定被告人的上诉权，建立一审终审或者签署放弃协议并不能从根本上解决问题。任何程序简化的有形收益都是以刑事司法制度的正当性为代价的。[①] 认罪认罚制度也必须坚持“公正为本、效率优先”的价值取向，上诉权是《刑事诉讼法》赋予被告人不可剥夺的基本诉讼权利，如果说认罪认罚案件中一审程序体现了效率优先，那二审程序就是防止因不当追求效率出现刑讯逼供、非法取证等损害被告人权益和公正审判的最后救济，给予被告人纠正自己所做供述，对影响自己权益案件的证据提出异议的权利，对于减少冤假错案的发生率，维护公平正义意义重大。

---

① 参见左卫民：《认罪认罚何以从宽：误区与正解》，载《法学研究》2017 年第 3 期。

（二）行使反悔权的正当事由

法谚云，法律不保护躺在权利上睡觉的人。我们认为，被追诉人签署认罪认罚具结书后应赋予其修正自己意思表示的权利，即反悔权应当作为被追诉人一项普遍的权利，只不过其在行使过程中，基于上述可能引发的无理由、无限制滥用而进行必要的限制，区分是否有正当理由，但这种限制也应始终保持在一个较低的层次。对有正当理由的撤回或上诉，司法机关应予支持，程序回转。所谓“正当理由”，是指依据法律、逻辑和经验法则等，被追诉人如不反悔就可能影响司法公正的事由。[①] 主要包括以下几点：

1. 被追诉人的认罪认罚并不具有自愿性。“自愿性”是认罪认罚从宽的前提和基础，法律上的“自愿”是指被追诉人作出认罪认罚的选择是受其自由意志的支配，而并非在外界刑讯逼供、威胁、引诱、欺骗等方式下的选择。若被追诉人的认罪并非出于自愿，而是其意志或法律人格受到侵犯下的决定，反悔显然具有正当性。

2. 被追诉人的认罪认罚并非出于明智。《刑事诉讼法》规定，在侦查、起诉、审判阶段，司法机关工作人员应告知被追诉人享有的诉讼权利和认罪认罚相关法律规定，目的是让被追诉人在明白认罪认罚意义和法律后果的基础上作出理性选择，也就是说，被追诉人认罪认罚是明智的。若该过程中，司法人员未对认罪认罚相关规定进行释明，或被追诉人因文化程度、认知能力等限制对告知内容产生误解的，要求撤回先前的认罪认罚协议具有正当性。

3. 被追诉人没有犯罪事实或者出现新的证据足以影响定罪量刑的。证据是诉讼的依据，当被追诉人签署认罪认罚具结书后，出现新的证据，足以改变案件性质或被追诉人量刑的，或者被追诉人根本没有犯罪事实，是受组织者、领导者胁迫为他人顶罪的，此时认为其反悔理由合理正当。

4. 法院判处的刑罚明显不当或超出量刑建议的。《刑事诉讼法》第 201 条规定，对于认罪认罚案件，法院一般应采纳检察机关指控的罪名和量刑建议，但也保留了法院对定罪、量刑的最后审查权，法官可以改变罪名或超出量刑建议之外判处刑罚。被追诉人签署认罪认罚具结书是让渡自己部分权利以获取程序的从简和量刑上的“优惠”，如果法院定罪量刑的结果重于具结书，违背了被追诉人最初预期，其以刑罚处罚过重为由，选择上诉合法合理；若虽在量刑建议内，但法院明显违反比例原则或量刑指导意见，被追诉人认为明显不当，后悔要求上诉的，应保障其原有权利。

对上述理由，需要强调的是判断是否具有正当性，应由司法机关核查确认结果为依据，而不以被追诉人单方意思表达为基础。

---

① 朱孝清：《如何对待被追诉人签署认罪认罚具结书后后悔》，载《检察日报》2019 年 8 月 28 日。

## 四、认罪认罚制度中反悔后的权利救济

被追诉人认罪认罚会带来收集口供及相关证据的便利，反悔后，若不解决好因推翻认罪协议而产生的不利后果，那赋予其反悔权也仅是一张“空头支票”，难以兑现。

### （一）因认罪获取的证据效力问题

被追诉人反悔后，具结书内容失效，其先前认罪认罚时所作的“有罪”供述证据能力如何？对此有学者提出，由于刑法领域不同于民事层面，即便具结书被撤回，认罪认罚所作的供述在排除刑讯逼供等非法方式获取后仍然有效，不受影响，检察机关可以将其纳入证据体系支持起诉。实践中，为了不浪费证据，被追诉人反悔前收集的证据在此后诉讼中不加甄别地适用几近常态，且“认罪认罚从宽制度告知书”中规定，撤回具结书后“不能作为本人认罪认罚的依据，但仍可能作为其曾作出有罪供述的证据……”最终由法院结合其他证据综合认定。这看似的“辅助证据”在“口供至上”的陈旧观念下，很容易产生有罪预断，异化为实质证据在定罪中发挥关键作用，也增添了被追诉人选择认罪认罚的顾虑，有打击报复之嫌。反悔相当于协商失败，推翻具结书的行为应然包括与之有组成关系的有罪供述的撤回，先前基于认罪谈判所形成的供述不能再继续作为对其不利的指控，应当予以排除，如此才能在诉讼效率和权益保障之间取得平衡。

### （二）司法人员更换问题

被追诉人认罪后反悔，不仅在诉讼程序上发生变更，在实体事实部分也发生了变化。有意见认为，反悔之前办理案件的司法人员因为已经形成有罪心证，为防止错误预断和不当偏见，应当更换。我们认为，在现行刑事诉讼制度下，以被追诉人反悔为由要求更换检察官和法官几乎难以为立法和实践所接受。重新更换司法人员不仅需要从头熟悉案件材料，增加司法资源消耗，也使得案件的审理和流转期限延长，最终由被追诉人承担延期后果。且有罪心证并非我国刑事诉讼程序设计的重点，在无回避情形、不涉及个人利益情况下，仅因事前接触案件材料为由更换办案人员于法无据，理由也不充分，在现有刑事司法环境下难免面临结构性困难。

### （三）关于检察机关的抗诉问题

认罪认罚从宽制度的核心要义是控辩的合作关系，它是制度运行的基础。对于认罪认罚案件中被告人上诉问题，实践中也出现了一些非理性的做法，有的以“抗诉”对抗“上诉”，有的未采纳量刑建议同时被上诉、抗诉，结果二审改判更重刑罚，这些都与制度设计的初衷相悖。如余某某交通肇事案中，北京市第一中级人民法院一审以交通肇事罪判决被告人有期徒刑两年，被告人不服上诉、检察机关以原判量刑错误为由提请抗诉，二审加重上诉人刑罚，改判有期徒刑三年六个月，更是在理论界和实务界引发大讨论。①

保障上诉权是程序公正的基本要求、结果公正的救济途径，也是认罪认罚从宽制度

① 北京市第一中级人民法院刑事判决书(2019)京 01 刑终 628 号。

可持续发展和良好运行的保证。① 对被告人认罪认罚后又反悔上诉的，检察机关应当秉持客观公正立场，根据不同情形予以区别对待。具体而言，对检察机关提出的确定刑量刑建议，被告人有明确的心理预期，且法院采纳了检察机关的量刑建议，此时被告人无正当理由或者仅以量刑过重为由上诉，检察机关原则上应当提出抗诉，因为量刑建议本身明确具体，判决结果与预期完全一致，被告人也从认罪认罚中获益，在此情形下反悔上诉，充分反映出被告人的不良动机，通过抗诉以引导被告人信守认罪认罚承诺，打消投机心理，从而减少无谓的上诉和不必要的二审程序。同时，对检察机关提出的幅度刑量刑建议，又涉及两种情形：一种情形是法院按幅度刑量刑建议的起点或在起点以下量刑的，这也完全符合甚至更加优于被告人的心理预期，被告人以量刑过重反悔上诉的，检察机关原则上也应当抗诉。另一种情形是法院在量刑建议的幅度范围内自由裁量，被告人上诉的，应以不抗诉为原则，抗诉为例外。相对而言，被告人具结时量刑建议仍是一种不确定状态，与其实际心理预期仍可能存在落差，不抗诉可最大限度释放司法善意，也是对被告人上诉权和法官自由裁量权的保障和尊重。具体案件中，应客观公正分析被告人上诉原因，以量刑建议有无刑罚"让渡"及"让渡"大小为标准对量刑建议的合理性进行再次评价，对幅度刑量刑建议，法院在幅度中线以上量刑，被告人上诉的，一般不宜抗诉。若量刑建议本身幅度不大并作了较大刑罚让渡，法院又在幅度中线以下量刑的，可以提出抗诉。

鉴于此种抗诉针对的是被告人的反悔上诉，特别是在司法实践中，存在着被告人选择在上诉期最后一两日突袭上诉现象，给检察机关提起抗诉带来困难，所以抗诉期在制度设计上可从检察机关收到上诉状后起算，期限为 10 日，使抗诉权与上诉权实现平衡、对等。由于我国现行抗诉制度是根据抗辩式庭审模式确立，不涉及认罪认罚从宽制度中的被告人上诉、检察院抗诉等问题，建议从立法或司法解释层面进一步健全完善相关规定及工作机制，以确保认罪认罚从宽制度在司法实践中良性运行、健康发展。

---

① 参见陈国庆：《认罪认罚从宽制度若干争议问题解析》（下），载《检察日报》2020 年 5 月 14 日。

# “借新还旧”型套路贷诈骗的认定

杨　冬*

**摘要**:“套路贷”这一新名词逐渐进入大众视野,体现了“套路贷”犯罪侵犯了扰乱法益的多元性,导致了司法实践对其刑事规制。随着中央和地方一系列相关指导文件的出台,“套路贷”被刑事追诉的情况在司法实践中越来越多,大量民间借贷案件被法院以涉嫌“套路贷”为由裁定移送公安机关。刑事犯罪与民事纠纷不同,需要严格遵循罪刑法定原则。本文以“借新还旧”型套路贷诈骗这一类型为样本,从错误认识和处分财物入手,分析该类型案件和诈骗罪犯罪构成的契合关系,尤其是民事欺诈与刑事诈骗的区分原则,探讨该类型套路贷诈骗的认定标准。

**关键词**:套路贷　借新还旧　民事欺诈　刑事诈骗　罪刑法定

## 一、“套路贷”的概念解释

“套路贷”是典型的刑民交叉新类型案件。套路贷的概念最早出现在2017年,当年的3月16日《南方周末》“3·15专题”,发表了一篇标题为《可怕的“套路贷”》专题报道,程琳(化名)的父亲在2013年向街边小贷公司借贷仅25万元,到2016年,陈家连本带利需要偿还不下300万元的债务。报道指出,“套路贷和通常的高利贷有着本质上的区别:套路贷借款方并没打算让借款人还钱,借钱不过是其侵吞房产的借口。”同时,该篇报道也提出了这样的疑问:“民事和刑事的界限如何把握,这可能是套路贷案件中需要考虑的问题。”

这是“套路贷”这一名词第一次出现在公众视野中。2017年10月25日,上海市出台了《上海市高级人民法院、上海市人民检察院、上海市公安局关于本市办理“套路贷”刑事案件的工作意见》,这是第一个针对“套路贷”的指导意见。该意见将“套路贷”归纳为:

* 杨冬,江苏三法律师事务所合伙人(派驻江北新区分所),江苏省律协刑事法律业务委员会副主任,江苏省法学会刑事诉讼法学研究会常务理事,南京市律协刑法专业委员会主任。

"以民间借贷为幌子,通过'虚增债务'、'制造银行流水痕迹'、'肆意认定违约'、'胁迫逼债'、'虚假诉讼'等各种方式非法占有公私财物的犯罪行为"[①]。随后浙江、安徽、重庆、吉林、杭州等省市也发布了"套路贷"指导意见,对"套路贷"的表述大致沿用了上海市工作意见的内容。

2019年2月28日,最高人民法院、最高人民检察院、公安部、司法部发布《关于办理"套路贷"刑事案件若干问题的意见》,6月20日,最高人民法院第三巡回法庭发布了对该意见的理解与适用:"'套路贷'既不是一个法律概念也不是一个政策概念,而是在办案实践中对假借民间借贷之名非法占有他人财物的类型化违法犯罪的概括性称谓"。[②]

2019年6月18日,江苏省高级人民法院、江苏省人民检察院和江苏省公安厅发布《关于建立健全严厉打击"套路贷"违法犯罪沟通协调机制的意见》(以下简称《意见》),将"套路贷"的概念界定为:"出借人假借民间借贷之名,通过诱使或迫使被害人签订金额虚高"借贷"协议、虚增借贷金额、恶意制造违约、肆意认定违约、隐匿还款证据等方式形成虚假债权债务,并借助诉讼、仲裁、公证或者采用暴力、威胁以及其他手段非法占有他人财物的违法犯罪活动"。[③] 和以往的一些文件不同,《意见》对"套路贷"的描述是从客观到主观的主客观相一致,没有突出"以非法占有为目的"这一主观要素,既增强了司法实践中的可操作性,又在一定程度上避免了虚无缥缈的主观归罪。以诱使(骗)或迫使(逼)的方式,形成虚假债权债务,并借助诉讼、暴力、威胁等手段非法占有他人财物,具备这些外在行为特征,即可认定以非法占有为目的,而非倒置先行判断有无非法占有的目的,再来认定客观行为。

## 二、"借新还旧"型套路贷的罪与非罪

《意见》将司法实践中常见的"套路"类型进行了归纳表述,一方面对司法认定起到了规范作用,但另一方面也容易造成一种误解,即只要出现该情形就可以认定为诈骗犯罪。这种认识显然是错误的。《人民法院报》2019年10月10日刊登了张明楷的文章《不能以"套路贷"概念取代犯罪构成》,文章指出:"在当前的司法实践中,出现了一种以非刑法概念取代刑法规定的现象,典型的便是'套路贷'概念。一些地方的司法机关认为,只要有'套路'就是诈骗,只要是'套路贷'就构成诈骗罪。从刑法角度定义'套路贷'对认定犯罪并没有任何意义;'套路贷'的概念与定义不能成为判断某种行为是否构成犯罪的法律

---

① 《上海市高级人民法院、上海市人民检察院、上海市公安局关于本市办理"套路贷"刑事案件的工作意见》(2017年10月25日)。

② 中华人民共和国最高人民法院第三巡回法庭:《〈关于办理"套路贷"刑事案件若干问题的意见〉的理解与适用》(2019年6月20日)。

③ 《江苏省高级人民法院、江苏省人民检察院和江苏省公安厅关于建立健全严厉打击"套路贷"违法犯罪沟通协调机制的意见》(2019年6月18日)。

标准。”①一个行为是否构成诈骗罪或者其他犯罪，根本不需要也不应当借助“套路贷”这一概念，完全可以而且应当直接根据《刑法》规定的诈骗罪的犯罪构成认定一个行为是否构成诈骗罪。

《意见》中提到一种“借新还旧”型的套路贷诈骗，行为人通过恶意垒高“债务”数额来实施诈骗行为，即放贷人在借款人无力偿还“借款”时，安排关联关系人为借款人“偿还借款”，继而与借款人签订金额更大的“借贷”协议。其中涉及三种情况，包括原始出借人单独的诈骗行为，两个借款人合谋实施诈骗的行为以及两个单纯的借贷关系。我们从一个案例入手，来分析“借新还旧”型套路贷诈骗的认定：

甲出借 100 万元给乙，约定月息 5%，借款一年到期时，按约定乙要归还甲本金 100 万元和利息 60 万元，合计 160 万元。乙无力偿还，甲向乙推荐丙，提出由丙出借 160 万元给乙，月息 5%，乙收到款项后即偿还甲 160 万元，甲与乙之间的债权债务消灭，乙与丙之间形成一笔新的借款，本金 160 万元。后丙起诉乙，主张乙归还 160 万元本金及相应的利息。（如下图所示）

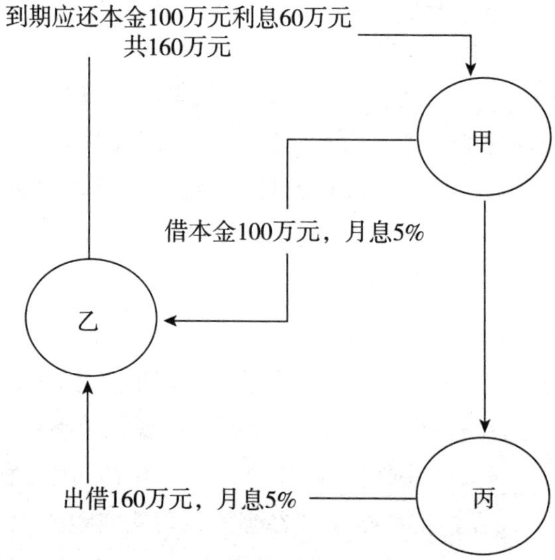


下面从诈骗罪的犯罪构成逐步分析：虚构事实或隐瞒真相→错误认识→交付财物。当然我们也必须清楚，行为人不严格按照犯罪构成要件犯罪，现实的复杂程度不会与犯罪构成要见严丝合缝，它更像是一个小球在电路的正负两极之间来回摆动。

（一）虚构事实或隐瞒真相

甲和丙的关系可能存在三种状态，笔者分别以正、负极和中间态喻之。

正极：甲是第二笔借款的真实出借人，丙只是甲的代表，资金来源于甲。

---

① 中国裁判文书网：https://www.chinacourt.org/article/detail/2019/10/id/4502724.shtml，最后访问日期：2020 年 10 月 10 日。

负极:丙是真实出借人,资金来源与甲无关。

中间态:甲和丙之间系合作关系,资金部分来源于甲,部分来源于丙,甲和丙分享利益。

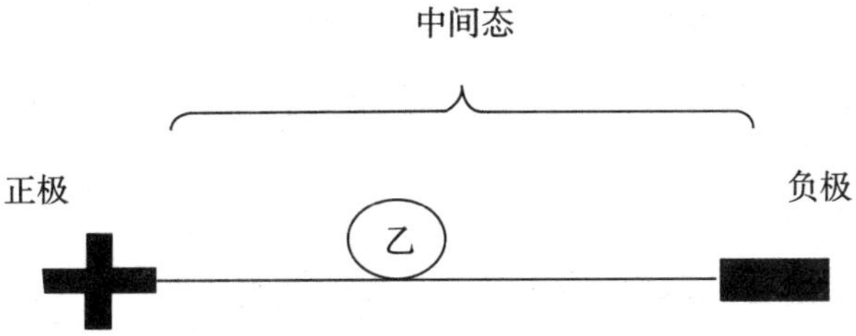


正极是典型的隐瞒真相,负极是典型的借贷法律关系,中间态则游走在刑事诈骗与民事欺诈之间。案件事实在正负极之间的位置,会影响借款人是否因被欺骗而陷入错误认识,进而影响诈骗罪的认定。

(二) 错误认识

如下图所示,将乙的主观认识与甲、乙的实际关系对比,极差 100 是典型的错误认识,极差 0 则是典型的非错误认识,而极差在 0 与 100 之间的状态,正是民事欺诈与刑事诈骗纠缠不清的区域,接近 100 即趋向于刑事诈骗,接近 0 则趋向于民事欺诈。

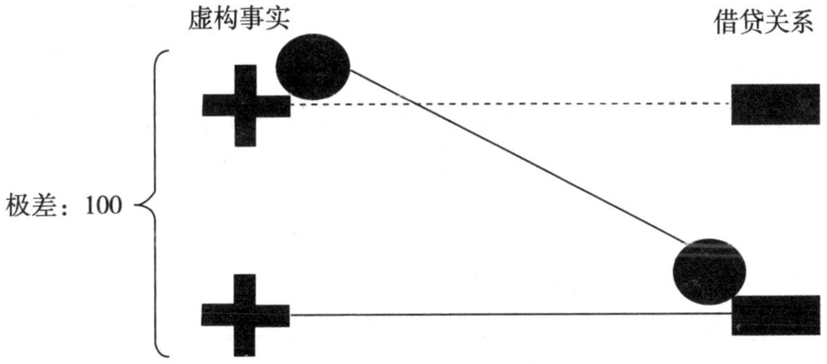


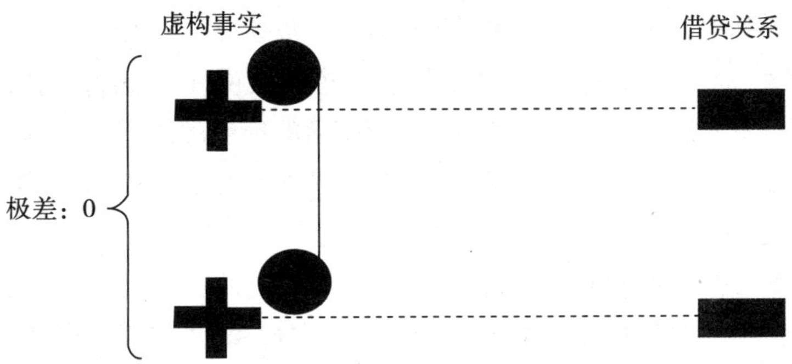


民事欺诈与刑事诈骗的区别不在于行为人在客观上是否采用了“履约”的行为模式,也不在于行为人主观上是否具有非法占有目的,而在于被害人产生认识错误的依据。即

在民事欺诈中，被害人的认识错误主要是因为被害人自己有贪利动机等过错，同时要求这种认识错误必须由被害人自己加以避免的。而在刑事诈骗行为中，被害人之所以产生这种认识错误，主要是因为行为人制造了有力的证据，或者虚构了难以辨伪的情境，被害人具有相信行为人的适当理由，因此，“被害人的认识错误是必须由行为人负责消除的”。[①] 简言之，被害人在认识错误的产生上越是存在过错，就越是可能成立民事欺诈，反之就越是容易构成诈骗。

（三）交付财物

乙基于错误认知而交付财物，是认定诈骗罪的关键一步。在本案中，必须把三个步骤联系起来完整地考察，才能确定是否存在基于错误认识而交付财物，以及诈骗的金额。步骤一，甲向乙出借高额利息的借贷；步骤二，丙向乙出借款项，乙用于归还甲高额本息；步骤三，丙向乙主张归还款项。与一般诈骗不同，“借新还旧”型套路贷诈骗中的交付财物环节比较复杂，必须三个步骤全部具备，才能认定交付财物。乙是一方，甲和丙是另一方，通过三个步骤，乙向甲和丙交付了财物。

关于诈骗的金额认定，乙归还给甲的本金和年息 24% 以内的利息，无法益侵害，不应认定为诈骗金额。乙归还给甲的超过年息 36% 的利息部分，可以通过民事途径主张返还，不宜用《刑法》调整，不应认定为诈骗金额。乙归还给甲的超过年息 24% 且不足 36% 的利息部分，属于受欺骗交付财物，可以认定为诈骗金额。乙向丙借款偿还其对甲的借款，形成与丙之间新的债务，该债务中包括乙用于偿还甲的本金和利息两部分，最终合并计算为乙向丙的借款本金，丙向乙主张还款时，除了借款本金认定为诈骗金额外，新借款中对应乙归还甲利息部分的本金所产生的利息，可以考虑认定为诈骗金额。

## 三、“借新还旧”型套路贷认定要坚守罪刑法定

如何划清“套路贷”犯罪与违法借贷行为的界限，是认定涉“套路贷”行为罪与非罪的关键。“金融的本质是价值的跨时空交换” 。而借贷是最基础的金融，当然也要符合这一本质，即虽然跨时空，但交易的对象必须是价值。借款方今天支付的利息，为的是将来获取价值，违背了这一本质的借贷就需要公权力进行干预，这就是限定民间借贷利息上限的理论基础。民间借贷即便利息高出了其所交换的价值，仍属于民事权利义务调整的范畴。而名为民间借贷，实为各种“套路”的非法侵占他人财物的行为，则超出了民事法律规范调整的范围，涉嫌刑事犯罪。

“只有法律才能为犯罪规定刑罚。”[②]“罪刑法定原则的法定化，并不等同于罪刑法定原则的现实化。要展现罪刑法定原则的思想基础、实现罪刑法定原则的基本内容。还需

---

① 冯军：《刑法问题的规范理解》，北京大学出版社 2009 年版，第 35 页。

② ［意］贝卡利亚：《论犯罪与刑罚》，黄风译，中国大百科全书出版社 1996 年版，第 11 页。

要刑罚理论工作者与司法工作人员付出巨大努力。"[①]在对"套路贷"犯罪的认定和打击过程中,坚守罪刑法定原则显得尤为重要。从最高司法机关到各地方司法机关,针对"套路贷"犯罪的司法认定,为指导具体工作制定了一些规范性文件。在这些文件中归纳、描述了"套路贷"犯罪的常见形态、方式、手段,其目的是便于司法人员面对复杂的社会现象,用类型化的思维模式去提炼案件事实,进而准确适用法律。即"套路贷"犯罪的单个要素或者部分环节可能难以判断为犯罪,但若把各个要素(环节)链接起来,其犯罪的本质特征就彰显无遗。但是提炼案件事实后,仍需要按照具体的犯罪构成去比对案件事实,符合犯罪构成的,才能认定构成某种犯罪,如诈骗、敲诈勒索、虚假诉讼等。

面对"借新还旧"型套路贷诈骗,不能因为《意见》中列出存在放贷人在借款人无力偿还"借款"时,安排关联关系人为借款人"偿还借款",继而与借款人签订金额更大的"借贷"协议这一种形式的"套路",就不考察诈骗罪的犯罪构成。高利贷出借人主观上虽有逐利心理,但其谋求的是高于银行同期的利息收益,积极追求借款人正常还贷,若无非法占有他人财物的犯罪故意,其行为性质总体上仍属于民间借贷行为。若仅因借新还旧垒高数额,而不去考证其犯罪构成,直接据此认定行为构成诈骗罪并不合适。在司法实践中必须把复杂的行为还原为刑法意义上的构成要件要素的行为,与诈骗罪的构成要件相比较,符合犯罪构成要件的,才能认定为诈骗犯罪。此外,还需要分析行为人虚构事实、隐瞒真相的行为与相对方形成错误认识是否有因果关系,据此区分民事欺诈与刑事诈骗。

---

① 张明楷:《刑法学》(第四版),法律出版社2011年版,第62页。

# 未成年人罪错行为分级处遇制度初论

江苏省南通市人民检察院未成年人检察课题组*

**摘要**：预防和矫治未成年人犯罪是一个世界性难题，为了最大限度地实现少年司法“教育、感化、挽救”的工作目标，应当建立健全未成年人罪错行为分级处遇制度，精准化开展帮教矫治工作。就当前的实际情况而言，我国的罪错未成年人处遇工作虽然经历了一些有益探索，但是在制度的完善程度和立法的具体规定等方面还存在一些不足。针对存在问题，需要在未成年人罪错行为分级处遇制度方面，从理念前提到种类划分到适用对象等各个领域开展相应的探索，从而进一步完善我国的未成年人司法工作。

**关键词**：未成年人　罪错行为　分级处遇

## 一、我国罪错未成年人处遇工作的有益探索

### （一）立法领域的理念转变

2020年8月9日，《预防未成年人犯罪法（修订草案）》（以下简称《草案》）提交第十三届全国人大常委会第二十一会议二次审议。该《草案》采取分级预防理念，将未成年人的偏常行为分为不良行为、严重不良行为、犯罪行为三个等级，并针对不同等级的行为细化相应的干预措施，体现分级预防理念。《草案》新增规定，针对有严重不良行为的，公安机关应该依法制止、处理，针对依法不予处罚的未成年人，详细列举了公安机关应采取的8项举措，其中包括责令接受心理辅导、矫治或其他治疗等；对情节恶劣或拒不配合接受矫治的，公安机关可向教育行政部门提出建议送专门学校进行矫治和接受治疗，赋予了公安机关建议将严重不良行为的未成年人送往专门学校的权利。《草案》新增规定，学校如违反本法规定不履行预防未成年人犯罪工作职责的，由教育部门责令限期改正，通报批评，情节严重的同时对直接负责的主管人员和其他直接责任人员依法给予行政处分，

---

* 课题负责人：房栋，江苏省南通市人民检察院副检察长。课题组成员：徐瑾，江苏省南通市人民检察院第八检察部主任；邵婧，江苏省南通市人民检察院第八检察部检察官助理。

造成严重后果构成犯罪的,依法追究刑事责任。《草案》指出,国家培育和发展相关社会组织、社会工作服务机构,鼓励引导它们参与预防未成年人犯罪的相关工作,依法给予政策支持并加强管理。

(二)尝试提出"未成年人罪错行为"概念

对未成年人的罪错行为进行专业界定,是开展相关分级处遇工作至关重要的一步。目前全国一些地方进行了有益探索,例如,上海市检察机关出台了《关于对罪错未成年人开展保护处分工作的规定(试行)》,将罪错未成年人界定为:实施《预防未成年人犯罪法》规定的不良行为,严重不良行为,实施违反治安管理行为,实施《刑法》分则规定的行为,但因情节显著轻微危害不大,不认为是犯罪的未成年人,实施《刑法》分则规定的行为,但因未达刑事责任年龄不予刑事处罚的未成年人(其未将受到刑事处罚的未成年人包含在内),并对上述罪错未成年人开展保护处分工作。① 再如,重庆垫江县检察机关出台的《关于罪错未成年人分级矫治实施办法(试行)》,将罪错未成年人划分为:违反《治安管理处罚法》、不达刑事责任年龄犯罪的、人民检察院作出不起诉决定以及被判处、裁定或决定的非监禁刑等四类人员(其未将受到监禁刑刑事处罚的未成年人包含在内)。②

(三)探索开展分级干预工作

在上海市检察机关的实践中,对于初次实施罪错行为、人身危险性较低的未成年人,一般优先适用训诫、责令具结悔过、责令赔礼道歉、赔偿损失等非约束性的保护处分措施;适用非约束性措施不能取得良好教育矫治效果或者罪错行为性质、后果比较严重、反复实施罪错行为、人身危险性较大的未成年人,同时适用责令接受观护帮教、建议公安机关治安处罚或者启动送专门学校、收容教养程序等针对性、强制性更强的教育矫治措施。该市浦东新区人民检察院确立了"三级干预"机制,根据触法次数、危险系数等将触法少年分为三类,分别进行不同强度、期限的干预。

(四)推动建设涉法涉罪未成年人专业化帮教矫治基地

如江苏省江阴市人民检察院联合当地团委等相关部门成立"涉罪未成年人观护帮教工作站",由专职社工对违法及犯罪少年进行心理干预,制订个性化的帮教矫治方案,在6个月至1年半的时间内由专业司法社工开展10—20次"一对一"的密集帮教,促使问题青少年改过自新。笔者所在的江苏省南通市于2018年3月建成全省首个由检察机关自主建设、运营、管理的集成式轻微涉案未成年人观护帮教基地——崇川励志园。近年来,崇川励志园对检察机关作出不起诉、附条件不起诉、不捕决定的未成年人,未成年社区服刑人员,以及少量具有严重不良行为(如受到行政拘留处罚但不执行)的未成年人开展帮

① 《关于对罪错未成年人开展保护处分工作的规定(试行)》,见上海市人民检察院第九检察部检察专网网站。

② 垫江:《推动出台全市首个〈关于罪错未成年人分级矫治实施办法(试行)〉》,载重庆市人民检察院"重庆检事儿"官方微信公众号,6月22日。

教矫治，先后开展教育谈话、心理矫治、户外拓展、公益劳动、法治宣传、国学教育、亲子沙龙等系列帮教活动，总计开展各类帮教 1109 人次。经检察环节帮教挽救，62 名涉罪未成年人回归社会，13 名未成年人重返学校并顺利完成学业，8 名未成年人踏上了创业之路，94% 的家庭亲子关系得到不同程度的改善，从根本上改变了未成年人的家庭成长环境。

## 二、我国罪错未成年人处遇制度的困境和不足

### （一）罪错未成年人分级处遇制度尚未形成成熟的模式

由于我国目前没有专门的少年司法制度，尚未建立全国性的统一的未成年人保护处分和司法处遇制度，因此，对于罪错未成年人的处理方式，主要散见于《治安管理处罚法》《刑法》《刑事诉讼法》《社区矫正法》《预防未成年人犯罪法》等法律法规。其中，对于什么是罪错未成年人、其实施的不良行为包括哪些类型、应采取什么标准对处遇方式进行分级等少年司法的基础和核心问题，虽然各地均有实践探索，但在我国司法学界和实务界尚未形成定论。而在一些基础相对薄弱的地区，甚至尚无开展分级处遇工作的意识，等到未成年人触犯了《治安管理处罚法》和《刑法》，且已达法律规定的责任年龄时才来处理。目前罪错未成年人的处遇措施存在明显的“两头重、中间轻”的现象，据统计，在未成年人罪错案件发生后，不作为形式处罚占总人数的 47.6%，即经民警口头教育后，让监护人严加看管。直接处以行政、刑事处罚的占 29.6%，未知处遇方式的占 17.5%，而处以收容教养与社区矫正之和所占仅为 4.3%。[①] 上述数据印证了社会参与教育矫正的中间部分相对缺失。对于罪错未成年人要么“一放了之”、要么“一关了之”的现象仍然存在。

### （二）《预防未成年人犯罪法》相关条文的可操作性不强

2013 年起施行的《预防未成年人犯罪法》中，就如何对未成年人的不良行为开展预防和对严重不良行为进行矫治均有规定，但是有些条文可操作性不强，如规定的训诫、责令家长严加管教、学校开展法治教育等措施存在强制力不够的问题；对于因未达刑事责任年龄而不予追究刑事责任的触法未成年人还缺乏行之有效的教育和监管手段；收容教养措施成为僵尸条款；全国很多地方工读教育学校萎缩，取而代之的专门学校建设又跟不上帮教矫治工作的现实需要。如在江苏，目前仅有南京建宁中学一所专门学校，不能满足全省开展此项工作的需要。

### （三）未成年人特殊刑事司法制度尚未真正执行到位

《刑事诉讼法》第五编“特别程序”之“未成年人刑事案件诉讼程序”专章和《人民检察院刑事诉讼规则》第十二章“特别程序”第一节“未成年人刑事案件诉讼程序”，规范了未成年人刑事案件的诉讼过程，规定了未成年人案件专人办理、严格限制适用逮捕措施、合适成年人讯问时在场、法律援助、社会调查、附条件不起诉、犯罪记录封存等未成年人

① 参见张垚、严露婕：《未成年人罪错行为的处遇困境及应对出路》，载《四川警察学院学报》2019 年第 4 期。

特殊刑事司法制度,是少年司法领域的立法进步。但是实践中还存在诸多不足,如全国不少地方尚未建立办理未成年人案件的专业机构并配备专职未检工作人员;有的地方在讯问未成年人时,没有首先通知其法定代理人到场,就直接让合适成年人到场;社会调查工作存在职责不明、相互推诿、调查不深入的问题,或者出具的报告同质化严重、流于形式,影响了社会调查报告在司法程序中的运用;涉罪未成年人的附条件不起诉率在有些地方还偏低,有些未成年人被附条件不起诉处理后,欲就业时却开具不到无犯罪记录证明。诸如此类的不足之处,反映出未成年人特殊刑事司法制度的不完善之处。

(四)不同阶段罪错未成年人的帮教矫治各自为战

根据目前的司法实践,公安机关负责对违反《治安管理处罚法》的问题青少年进行帮教;检察机关主要负责对检察环节中涉及的涉罪未成年人开展帮教挽救;司法行政部门负责对被判处管制、宣告缓刑、假释或者暂予监外执行这四类社区矫正对象的帮教挽救和刑满释放人员的安置帮教。各机关各自为政,条块分割,缺乏有效的衔接和配合,严重影响了罪错未成年人帮教矫治的效果。实践中对于涉罪未成年人的帮教问题,虽然探索了一些协作机制,但尚未形成多部门合作及司法借助社会力量的长效机制。全国很多地方还缺少对罪错青少年开展观护帮教和分级矫治工作的专业化基地,尚未形成"项目化购买、市场化运作、社会化推进"的未成年人帮教矫治常态化工作机制。同时,针对问题青少年开展专业化矫治的社工组织和司法社工队伍严重缺乏。对于司法社工与帮教对象的配比应在多大范围内较为合适,缺少相应的深入研究。基层社工尤其缺乏,帮教社会化体系建设推进难度大。可以说罪错未成年人专业化帮教矫治在专业力量、专门场所、专门制度、专门体系方面均严重落后于现实需要。

## 三、健全具有中国特色的未成年人罪错行为分级处遇制度的构想

鉴于我国未成年人罪错行为分级处遇制度的有益探索和存在不足,同时借鉴域外少年司法制度相对成熟的国家和地区的做法,笔者拟对建立健全具有中国特色的未成年人罪错行为分级处遇制度提出如下构想:

(一)制度构建须强调的理念和前提

1. 建立少年司法与一般刑事司法分置的二元体系。现代相对成熟的少年司法制度通常采用独立少年司法体系与一般刑事司法体系分置的二元结构,由此少年司法体系可以脱离刑事司法逻辑而体系性地专注于少年虞犯行为和触法行为的治理,只有少量不得不追究刑事责任的案件才转送一般刑事司法程序进行处理。[1]

2. 坚持保护处分和社区性处遇优先原则。未成年人尚在人格定型和社会化的过程中,应尽量采取不使其脱离社会大环境的非机构型和非监禁型处遇措施,即保护处分和

---

① 参见李川:《观护责任论视野下我国少年司法机制的反思与形塑》,载《甘肃政法学院学报》2018 年第 6 期。

社区性的处遇措施。同时,在发现罪错行为之初即及时对其进行矫治,无论是矫治效果还是效率,都要比其沦为犯罪分子后再加以严惩要强得多。

3. 强调政法体系和社会支持体系的联动配合。未成年人罪错行为分级处遇制度的实施和执行,不是一两家单位或机构凭一己之力可以完成的工作,需要整合公、检、法、司等政法机关的力量,会同教育行政机关、学校、社区、司法社工组织等,在可能涉及未成年人帮教工作的各个环节加强沟通配合,建立高效的未成年人帮教转处和处遇评估机制。同时,专业化、规范化的社会调查、观护基地、社工组织、心理咨询师团队、强制亲职教育师资、专门学校、犯罪记录封存等制度的落地,需要一整套的机构和人员队伍建设,这些均有赖于我国少年司法制度的进一步实践和提升。

4. 引入"恶意补足年龄规则"打击未成年人恶性犯罪。法学家马汶·沃尔夫冈曾指出关于犯罪的"百分之六定律",即"如果不能很好地管控那些曾经犯过罪的少年,待他们成年后,即便他们中的 6% 犯罪,也可能犯下所在社区 50% 以上的重罪,国家和社会将会为此付出更沉重的代价"①。从世界范围来看,少年司法大多秉持"以教代刑""教育为主"的理念,但宽容不是无限度的,宽容过度只会纵容犯罪。任何人包括未成年人都必须为自己的不当行为承担相应的后果和责任,因此笔者认为我国有必要引入"恶意补足年龄规则"。在美国,一般情况下未满 14 周岁的少年被法律推定为不具有刑事责任能力,但如果控方能够举证证明涉案少年在实施涉案行为时具备"恶意",即明白行为的错误性仍故意为之,则法律视该涉案少年为已达刑事责任年龄的人,且应对其实施的行为承担法律责任。这就是"恶意补足年龄规则"的基本内容。这也是刑法的罪责刑相适应原则在少年司法领域的一种贯彻。

(二)未成年人罪错行为的等级划分设想

大量案件表明,未成年人实施犯罪行为之前,多有不良行为或违法行为,且其早期不良行为或违法行为多数没有得到及时有效的干预。因此,对于未成年人的偏常行为,哪怕是处于初始阶段的偏常行为,均有必要采取相应的干预措施,进行分级处置和预防。参照《草案》中对于未成年人偏常行为的划分模式,同时根据偏常行为性质的严重程度,可将罪错行为分为一般不良行为、严重不良行为、犯罪行为。

一般不良行为指不利于未成年人身心健康成长,不予干预会日益严重的行为。包括:(1)多次旷课、逃学;(2)无故夜不归宿,离家出走;(3)吸烟、饮酒;(4) 沉迷网络影响正常学习生活;(5)参与赌博或者变相赌博;(6)浏览色情网站,观看、收听淫秽的音像制品、读物等;(7)进入法律、法规规定未成年人不适宜进入的营业性娱乐场所;(8)与社会上具有不良习性的人交往;(9)其他违背社会公德的不良行为。

---

① 转引自张寒玉、张亚力、杨迪:《重罪未成年人重返社会问题研究——以云南司法实务为视角》,载《青少年犯罪问题》2018 年第 3 期。

严重不良行为指未成年人实施的严重危害社会的违法行为。包括:(1)纠集他人结伙滋事,扰乱治安;(2)携带管制刀具,打架斗殴;(3)强行索要他人财物;(4)偷窃、故意毁坏财物;(5)辱骂、殴打他人,或者故意伤害他人身体;(6)传播淫秽物品;(7)进行淫乱或者色情、卖淫、有偿陪侍活动;(8)参与赌博,屡教不改;(9)吸食、注射毒品;(10)其他严重危害社会的行为。严重不良行为中大多数行为属于违反《治安管理处罚法》的行为。

犯罪行为指未成年人实施的触犯刑法分则相关规定的行为。分成四种情况:(1)因情节显著轻微,危害不大,不认为是犯罪的;(2)检察机关作出附条件不起诉决定的;(3)因未达刑事责任年龄,不予刑事处罚的;(前三项指已经实施了犯罪行为,但是不给予刑事处罚)(4)需接受刑事处罚的。

(三)分级处遇对象的种类划分设想

笔者认为,未成年人罪错行为分级处遇制度的适用年龄,不妨设定为自10周岁始,因此时的未成年人已经具备了初步的是非观念和行动能力,应当使其明白作为一个社会人,其行为需要符合一定的社会规范,如实施了不良行为则需要承担一定的责任,接受相应的处置和教育。可以将罪错未成年人从年龄段上划分为四个阶段:10—12周岁、12—14周岁、14—16周岁、16—18周岁,同时将18—20周岁的甫成年人(刚过18岁不久的成年人)参照罪错未成年人进行处置。

在10—12周岁阶段。此阶段的未成年人尚处于童年阶段,其与家庭和学校的黏合度较高,因此,对于不良行为,应以责令家长严加管教和学校开展帮教为主。

在12—14周岁阶段。12岁往往是未成年人进入青春期的重要年龄,身心均发生急剧变化,不稳定性加剧,进入不良行为的高发期,同时也是未成年人社会化的关键期。这个阶段的帮教行为,对于防止不良行为的未成年人滑向违法甚至是犯罪边缘至关重要。此阶段应以社区性的处遇措施为主,同时尽可能不影响未成年人的学业,如运用各种指令、假日生活辅导措施等。

在14—16周岁阶段。未成年人进入了相对刑事责任年龄段,应坚持"教育为主,惩罚为辅"的未成年人工作方针,除了八类严重犯罪需要承担刑事责任以外,其他大多数的不良行为仍应以保护处分措施和社区性措施为主,要让未成年人通过社区服务、赔礼道歉、赔偿损失等恢复性司法手段激发起向善动力。对于一些行为性质较为严重的未成年人,则需要采取机构性的处遇措施,如纳入观护帮教基地、送专门学校等,进行专业化的行为矫治。

在16—18周岁阶段。此阶段已经接近成年人,需要承担完全刑事责任,但应坚持"教育、感化、挽救"的方针,尽量对轻罪未成年人进行轻缓化处理。对于多次触法、主观恶性较深的未成年人,则有必要采取行政拘留和监禁刑的处遇方式,在社会公众的安全感与涉罪未成年人的帮教挽救之间找到平衡点。

另外,在18—20周岁阶段。可以借鉴德国少年司法中的甫成年人制度,对于心智发育不够成熟、主观恶性不大的甫成年人，采取相对宽缓的处理方式，尽量减少监禁刑带来的“二次污染”。

（四）差异化处遇方式的分级与适用设想

1. 针对一般不良行为。未成年人实施的一般不良行为，其社会危害性、人身危险性相对较低，因此处遇方式的强度不宜过大。可以采取的主要措施包括：

（1）训诫：办案机关或学校的法治辅导员可对罪错未成年人进行训诫，指出其行为的社会危害性，责令改正，不得再犯。

（2）责令具结悔过：要求罪错未成年人以书面方式对自己的行为进行反省，保证改正不良行为，不再实施违法犯罪行为。

（3）责令家长严加管教：责令具备监护管教能力的家长，通过批评教育、严加管教的方式对未成年人进行劝导。

（4）法治副校长协助学校制订帮教计划：发现未成年人有不良行为的，学校可以在法治副校长的指导下，会同父母、班主任、法治辅导员、心理辅导老师等共同制订帮教计划，监督未成年人进行改正。

（5）各类禁止令：如禁止进入网吧、酒吧、抽烟、酗酒、赌博、浏览色情网站或与特定人员见面等。

（6）社区服务令：借鉴域外少年司法的经验，将罪错未成年人转介给专业社工组织，在司法社工的指导下，参加 1—3 个月不等的社区服务。将社区矫治的适用范围从判处缓刑的未成年人扩大至具有一般不良行为的未成年人。

（7）接受心理矫治：对于评估后发现不良行为未成年人存在心理问题的，及时安排其接受心理矫治。

2. 针对严重不良行为。除了针对一般不良行为的处遇措施均可适用外，还可以采取的措施有：

（1）各类指令：参照英国的社区性处遇措施，可设置诸如计划令、移交令、社区感化令、监管令、社区服务令等各类指令，以契合个性化矫正的要求。

（2）责令赔礼道歉、赔偿损失：办案机关应当责令罪错未成年人向被害人赔礼道歉，并由罪错未成年人或其法定代理人向被害人赔偿经济损失。应尽量安排由未成年人自己通过劳动来赔偿损失，弥补受损的社会关系。

（3）引入假日生活辅导措施：借鉴我国台湾地区的做法，由专业社工在假日对罪错未成年人开展品德教育，安排其参加社区劳动服务，促使其养成勤勉和守法精神，同时不影响其正常的学校学习。

（4）纳入观护帮教基地帮教：公安或检察机关可以委托观护帮教社工组织，责令罪错未成年人接受 1 个月至 6 个月甚至更长时间的观护基地帮教。责令接受观护帮教的，应当组建由罪错未成年人的父母或其他监护人、所在学校教师、专业社工等参加的帮教小组,制订有针对性的帮教方案;户籍地在外地的未成年人,也可以委托异地办案机关或者相关单位、组织进行帮教。观护帮教期间,办案机关应当要求罪错未成年人定期报告思想状况和活动情况;遵守特定的行为规范,不得实施特定行为、与特定人员交往或者出入特定场所;接受心理辅导、矫治或者其他治疗等。根据罪错未成年人在观护帮教期间的表现和教育挽救的需要,办案机关可以适当缩短或延长观护帮教期限,也可以根据观护帮教情况决定司法程序的下一步走向。

(5)家庭干预计划:通过强制亲职教育,改善未成年人家庭自我问题的解决能力,提升家庭监护质量。

(6)接受戒毒等各类戒瘾治疗:吸毒成瘾的未成年人,应当接受社区戒毒,对于拒绝接受社区戒毒治疗或者接受社区戒毒治疗期间不遵守治疗计划要求的,应当强制隔离戒毒。其他各类不良成瘾行为,参照戒毒治疗方法施行。

(7)行政拘留:适用于《治安管理处罚法》规定的应当给予行政拘留处罚并可以执行的未成年人。对于不给予行政拘留,或者给予行政拘留但不予执行的未成年人,一般应纳入观护帮教基地进行矫治。

3. 针对犯罪行为。除了针对一般不良行为、严重不良行为的处遇措施均可适用外,还可适用的措施有:

(1)送专门学校进行矫治:对因情节显著轻微、危害不大或未达刑事责任年龄而不予刑事处罚的未成年人,附条件不起诉的未成年人、拒不配合接受保护处分措施的未成年人,或者具有其他严重不良行为确有必要送专门学校进行矫治的未成年人,公安或检察机关可以根据《预防未成年人犯罪法》等法律的规定,向教育行政部门提出建议,启动将其送专门学校程序,采取机构性的处遇方式进行矫治。

(2)引入恶意补足年龄规则:借鉴美国的做法,如能证明不满 14 周岁的未成年人具备足够的主观恶意,且明知其行为的社会危害性,则推定其具有刑事责任能力,将其纳入刑罚制裁的范围。

(3)刑事处罚:《刑法》规定的可以对未成年人实施的刑事处罚手段,分为监禁刑和非监禁刑,仍以判处非监禁刑为主。

(4)强化监督性缓刑或假释:缓刑或假释期间,需接受专业社工组织的监督和帮教,参与社区劳动等。

总之,中国特色的少年司法制度经过 30 多年的发展壮大,已经打下了较为坚实的理论基础和实践基础。当前,加快探索构建未成年人罪错行为分类处遇体系已走到了关键性的历史节点。笔者呼吁尽快完善相关法律法规,强化部门间的衔接配合,加强社会支持体系建设,精心设计和探索实践更为科学合理和多元化的未成年人罪错行为分级处遇系统工程,推动我国少年司法制度迈向系统化、科学化、专业化轨道。

# 行政公益诉讼案件范围类型化与拓展问题研究

江苏省建湖县人民检察院课题组*

**摘要**:现有行政公益诉讼“列举+等”的立法模式,不能涵盖全部国家和社会公共利益类型,其“不确定性”易产生实践混乱,导致部分边缘性公共利益保护缺失,可以对既有的“等内”案件和“等外”新领域案件范围作类型化处理,并通过用个案识别、确认方式,最大限度地锁定国家和社会公共利益范围,压缩“真空地带”。从长远看,可探索预防性公益诉讼、尝试集体(区域或群体)公益诉讼、建立行政附带民事公益诉讼制度,拓展行政公益诉讼案件范围。

**关键词**:行政公益诉讼　案件范围　类型化　拓展

## 一、国家和社会公共利益范畴与实践困境

《行政诉讼法》采用列举方式,将需要重点保护的公共利益归纳为生态环境和资源保护、食品药品安全、国有财产保护、国有土地使用权出让四个领域,并采用“等”的表述,为立法和司法预留空间。《中华人民共和国英雄烈士保护法》将侵害英雄烈士姓名、肖像、名誉和荣誉的行为,规定为损害社会公共公益的行为,可由检察机关依法提起民事公益诉讼。这也在事实上将英雄烈士保护纳入检察公益保护范畴。司法实践则在现有“4+1”立法的基础上,围绕安全生产、涉众型侵害公民隐私、文化遗产保护等法定领域外,采取了更为积极的探索。①

何为“公共利益”中的“公共”?多数观点认为是不特定的社会大众,社会大众的范围

---

* 课题负责人:征汉年,江苏省建湖县人民检察院检察长;王秀梅,北京师范大学教授、最高人民法院刑二庭副庭长(挂职)。课题组成员:李卫红,中国社会科学院大学教授;刘克毅,西北政法大学教授;王小刚,江苏省建湖县人民检察院副检察长。

① 2019年10月10日最高人民检察院“坚持以人民为中心 全面推进公益诉讼检察工作”新闻发布会全文实录,载http://www.scio.gov.cn/xwfbh/qyxwfbh/Document/1665952/1665952.htm,最后访问日期:2020年3月1日。

和数量难以具体化和精确化，不特定性以其所具有的开放性为标志。[①] 利益主体包括国家和社会，没有具体明确的指向。集体利益因其利益的享有者确定为集体成员，通常不认为是公共利益。国家和社会公共利益范围即行政公益诉讼的案件范围。但何为国家利益？何为社会公共利益？二者如何准确定义，又如何区分界定？理论和实务中存在很大争议。有观点认为国家利益是公共利益中的一种需要给予特殊保护的类型，与社会公共利益并列且高于社会公共利益。纯粹政治学意义上的国家和政府不存在自身利益，二者存在的唯一价值及目的是提供、代表并维护公共利益。[②] 国家是为保护多数人的利益而产生，特别在社会主义国家，基于主权在民的政治体制，人民就是国家的主人，国家利益与人民利益(社会公共利益)具有一致性，[③]二者并没有明显的区分和界限。

进行法的文本分析后，可以发现现有行政公益诉讼与民事公益诉讼制度在案件范围上的差异性，前者包含国家和社会公共利益，后者仅为社会公共利益，其范围限缩在破坏生态环境和资源、食品药品安全领域侵害众多消费者合法权益等领域。部分行政公益诉讼的实践者由此认为，无须对国家利益和社会公共利益作出分辨，公共利益范围即行政公益诉讼案件范围。而不特定多数人的利益，就是公共利益。因此，“不特定多数人”成为衡量公共利益的一把标尺。

法律的目的是平衡个人利益与公共利益，实现利己主义和利他主义的结合，从而建立起个人与社会的伙伴关系。[④] 但围绕“不特定多数人的利益”这一学理概念来开展司法实践，在千差万别和千变万化的社会生活中，探究公共利益的概念和边界问题，无疑是困难的。因而产生了两种不同的趋势：一种是犹豫和彷徨，另一种是冲动和盲目。对于后者，可以采用层级审批的方式加以限制，而对于前者，则产生边缘性公共利益无人问津现象，或者直接以“不属于公共利益”为由进行选择性监督。有学者已经关注到这样一种趋势，即检察机关“只在形式上保持着行政公益诉讼案件的一定数量，而不去真正挑战对公益已经造成或者潜在地会造成巨大侵害的政府行为”[⑤]。这样的担忧不无道理。

## 二、行政公益诉讼案件范围的类型化

作为推进国家治理方式和治理能力现代化的举措之一，党的十九届四中全会明确提出拓展公益诉讼案件范围。但对司法者而言，公益诉讼范围最大的困扰不是拓展，或者限缩，而是其与生俱来的“不确定性”，包括“等内”范围的不周延和“等外”范围的不明晰。毫无疑问，公共利益应该有一个科学的核心概念，它有着全人类公认的公共利益的

① 参见王太高：《公共利益范畴研究》，载《法学研究》2005 年第 7 期。
② 参见林莉红：《论检察机关提起民事公益诉讼的制度空间》，载《行政法学研究》2018 年第 6 期。
③ 参见吴德成、金晓丽：《论检察机关提起环境公益诉讼的谦抑性》，载《西南法学》2018 年第 1 期。
④ 参见颜运秋：《论法律中的公共利益》，载《政法论丛》2004 年第 5 期。
⑤ 沈岿：《检察机关在行政公益诉讼中的请求权和政治责任》，载《中国法学评论》2017 年第 5 期。

范围，同时它又随着社会的发展而不断地发展和变化。[①] 公共利益的范围是动态的，在立法时机尚未成熟时，可以尝试采用政策性归纳方式，将案件作简单的类型化处理。笔者认为，可以将不特定的多数人利益大致概括为以下七种类型：环境资源、公共健康、国有资产、安全生产、文化遗产、精神文明、国防军事，弱势群体利益作为一种特殊类型的集体利益，可以纳入行政公益诉讼范畴。

(一)环境资源

《宪法》规定矿藏、水流、森林、山岭、草原、荒地、滩涂等自然资源，属于国家所有，[②]是国家利益的重要组成部分。而保护生态环境同样是我国的基本国策。《环境保护法》对环境的定义，指影响人类生存和发展的各种天然的和经过人工改造的自然因素的总体，包括大气、水、海洋、土地、矿藏、森林、草原、湿地、野生生物等。良好生态环境是最公平的公共产品，是最普惠的民生福祉。[③] 山水林田湖草是生命共同体，自然资源的开发利用与生态环境的有效保护息息相关，两者是有明显区别，又高度关联的两个概念，同属于公共利益的范畴。在行政公益诉讼立法中表述为"生态环境和资源保护"。笔者认为，从系统治理的角度看，可以将其类型化为环境资源，对生态环境和自然资源实施一体化的公益保护，作出区分似无必要。

(二)卫生健康

民以食为天，食品药品安全是社会公众关注的焦点，也是行政治理的堵点和痛点，屡屡引发社会焦虑。《行政诉讼法》将"食品药品安全"纳入行政公益诉讼范畴，是对广泛社会问题的一次对焦。但从系统的角度看，单纯的食品药品安全并不能覆盖公众的焦虑范围，如医疗器械，又如消毒用品，从严格的专业视角和法律规定，并不能将其纳入食品药品的范畴，而客观上又与食品药品安全紧密相连。此次新冠肺炎疫情暴露出的"非法野生动物交易""传染病防治"方面的社会问题，也并不是单纯的食品药品问题，关系到公众卫生健康的方方面面，大到传染病的监测与防治，小到医疗器械、医疗废弃物的监管与处置。单纯的食品药品安全概念，将在很大程度上限制公益诉讼范围，形成公共利益保护的真空。因此，笔者建议将食品药品安全类型化为卫生健康，将食品药品、疾病防控、医疗保健、体育卫生等全民健康领域问题纳入公益保护范畴，实施系统保护。

(三)国有资产

国有资产，是国家所有的一切财产和财产权利的总和，是最为确定的国家利益，包括经营性国有资产、行政事业性国有资产和资源性国有资产。但司法实践中，对何为国有资产，以及国有资产的保护方式，也存在争议。例如，已经作出行政处罚决定，但尚未缴

---

① 参见关保英：《行政公益诉讼中的公益拓展研究》，载《政治与法律》2019 年第 8 期。

② 由法律规定属于集体所有的森林和山岭、草原、荒地、滩涂除外。

③ 2013 年 4 月，习近平总书记在海南考察时指出，良好生态环境是最公平的公共产品，是最普惠的民生福祉。

纳的罚款、尚未没收的违法所得，能否被认定为国有资产？人防工程、农机补贴等领域贪腐案件所造成的国有资产流失，是采用刑事手段追赃挽损，还是采用公益诉讼方式督促追回？不同的人有不同的答案，在司法实践中产生一定的混乱。此外，现有行政公益诉讼立法中单列的“国有土地使用权出让”，其基础事件也大多局限在土地出让金的减免与缴纳，或者是土地的违规出让，或者是闲置土地的收回上。笔者认为可以将其纳入国有资产的范畴，无单列之必要。

（四）公共安全

安全问题所产生的危害，直接关系到不特定社会公众的利益，公共安全是探索较为普遍的公益诉讼新领域。2016 年，党中央和国务院在《关于推进安全生产领域改革发展的意见》中，特别提出要“研究建立安全生产领域民事和行政公益诉讼制度”。国家在安全生产领域已有一系列的法律法规政策，为何安全生产事故依旧频发，究其原因是已有法律法规政策没有被贯彻执行。[①] 在安全生产领域开展行政公益诉讼，对于安全隐患的排查治理、安全风险的预警管控、安全责任的严格落实具有重要作用。笔者认为，安全生产是公共安全立体防护网的重要组成部分，但并非全部。大量的非生产性活动同样存在安全问题。此外，暴力恐怖、防灾减灾、应急救援等，特别是网络公民个人信息安全也常常是公共安全领域的重要话题，应当且可以作为公益诉讼的新领域。检察机关作为国家公诉机关，在维护公共安全领域，无疑具有明显的优势。

（五）文化遗产

文化遗产是历史留给全人类的共同财富，是一个国家、一个社会、一个民族不可再生的文化资源，当然属于公共利益范畴。从形态上区分，可以将其分为物质文化遗产和非物质文化遗产。前者包括历史文物、历史建筑、人类文化遗址。后者则包括传统美术、技艺、礼仪等无形文化遗产。中国是历史文化遗产大国，五千年灿烂文明留给我们宝贵的物质和精神财富。但由于超出国人对安全、健康、环境的基本需求，文化遗产往往易被社会公众忽视和遗忘，加之保护力量薄弱，成为公益侵害的重要领域。在该领域开展公益诉讼，是文化遗产保护的一条有效进路，是填补国家力量有限的客观需要。[②] 但遗憾的是，2017 年 11 月 4 日修订的《文物保护法》，对公益诉讼只字未提，有学者认为顶层设计过于保守。[③] 但该领域的行政公益诉讼实践，已然走在立法之先，成为各地检察机关公益诉讼“等外”探索的重要领域。

（六）精神文明

精神文明是基本的安全、教育、卫生健康之外，国家民族以及社会公众更高层次的精

① 参见徐本鑫、储源：《安全生产领域公益诉讼的制度逻辑》，载《昆明理工大学学报》（社会科学版）2020 年第 1 期。

② 参见吴艳艳：《公益诉讼中“公益”之识别》，载《湖北工程学院学报》2018 年第 5 期。

③ 参见李响：《公众参与文化遗产保护的公益诉讼进路研究》，载《中国高校社会科学》2019 年第 6 期。

神追求。笔者认为，核心价值观依赖于法律的护佑，一些问题单纯依靠舆论批判、道德谴责，难以遏制问题再现。例如，对英雄烈士的侮辱、诽谤，突破了国家道德底线。因此立法将亵渎、否定英雄烈士事迹、精神的行为纳入法治轨道予以打击，并将侵害英雄烈士姓名、肖像、名誉、荣誉纳入公益保护范畴。笔者认为，涉及国家尊严、民族情感，违背社会主义核心价值观，如国旗不当升挂、人民币图样不当使用等行为，均可作为公益诉讼新领域。但需要注意的是，道德不能代替法律，该领域的检察建议需要有明确规定作为支撑。如新修订的《人民币图样使用管理办法》明确禁止在祭祀用品上使用人民币图样，如发现此类问题则可建议中国人民银行分支机构采取有效监管措施。

（七）国防军事

国防是指国家为防备和抵抗侵略，制止武装颠覆，保卫国家的主权、统一、领土完整和安全所进行的军事活动，以及与军事有关的政治、经济、外交、科技、教育等方面的活动，是国家利益的重要方面，是当然的公益诉讼范畴。2019年，浙江省检察院和解放军杭州军事检察院就曾联合探索开展了维护国防利益和军事利益检察公益诉讼专项监督活动。针对的重点包括军事设施保护、国防交通管理、人民防空管理等方面违法行为，以及监管部门未依法履行职责问题。① 天下虽安，忘战必忧。在国防军事领域开展公益诉讼，将有效消除侵害国防利益和军事利益问题隐患，服务备战打仗。笔者认为，在征兵动员、拥军优属、国防教育等领域，检察机关也可以提供必要的公益保护，国防军事可以作为行政公益诉讼的一个独立类型。

（八）弱势群体

老人、妇女、儿童和残疾人作为弱势群体，需要国家提供特殊保护。《宪法》明确规定，婚姻、家庭、母亲和儿童受国家的保护。禁止虐待老人、妇女和儿童。国家和社会帮助安排盲、聋、哑和其他有残疾的公民的劳动、生活和教育等等。虽然是对社会群体中"部分人"给予的特殊保护，但带有强烈的国家和社会公共利益属性，并非"确定的多数人"。笔者认为，检察机关应当将弱势群体保护纳入公益诉讼新领域，甚至是在弱势群体中某个或数个个人受到侵害的特殊情况下，可以建议相关行政机关采取必要的、特殊的保护措施。值得一提的是，《未成年人保护法（修订草案）》就规定了行政公益诉讼的具体条款，对于侵犯未成年人合法权益或者行政机关违法行使、怠于行使未成年人保护职能，涉及公共利益的，人民检察院可以提起公益诉讼。

## 三、个案识别机制的建立

上述对行政公益诉讼案件范围的类型化处理，不可避免带有交叉和重叠，如食品药品安全与公共安全，非物质文化遗产与精神文明，实践中不必拘泥或焦虑于某种类型，而

---

① 参见范跃红：《浙江：军地联合开展公益诉讼专项监督》，载《检察日报》2019年10月9日。

应更多注视于法律和行政法规规章的具体条款引用,并将其作为建议行政机关依法履职的依据。当然,对边缘性公共利益的遗漏也是不可避免的,在上述八种类型之外,在特殊时期还存在特别的、难以确定类型的公共利益。有学者认为,当某种利益不能精确地确定其所属公益范围时,若符合利益主体的广泛性、不特定性,利益的非竞争性、非独占性特征,就应判定为公共利益类型。[①] 但这样的论述仅仅是学理上的归纳。对符合上述归纳,但难以确定且尚未有公益诉讼先例的公益受损现象,笔者认为可借助检察委员会制度建立个案识别、确认机制。

根据检察委员会的议事议案规则,审议有重大社会影响和重要意见分歧的案件,是检察委员会的议案范围之一。笔者建议,对司法实践中发现边缘性公共利益受损现象,向行政机关制发检察建议可提交检察委员会审议决定。如行政机关采纳检察建议,依法履职,则无须启动下一步程序。反之,行政机关如不采纳检察建议,有提起行政公益诉讼之必要,则应当由检察委员会二次审议,进行必要的研究、论证后报请当地人大常委会决定确认。而地方人大常委会的决定,在人民法院的裁判中将具有确定性效力,除非特殊情形,应得到充分的尊重和一致的遵守。

行政公益诉讼范围的扩大,不仅有理论上的依据,而且在实践中也一直处于不断扩大的过程。[②] 通过建立个案识别机制,将从程序上避免公共利益的认识含混所带来的实践犹豫和彷徨,减少认识差异带来的实践争议。此外笔者认为,国家和社会公共利益是一个整体概念,但是在一些特殊地区,其公益保护的范围和重点是存在差异性的。如黑龙江在其地方人大的决定中,就将黑土地列为重点,而在内蒙古,则将目光投向了草原和矿产资源。[③] 在公益诉讼个案识别机制之外,可以探索采用地方人大立法或者规范性文件方式,将区域范围内具有特定意义的公共利益纳入公益诉讼范围,提供特别保护措施,更好地促进特定公共利益的司法保护。

## 四、行政公益诉讼案件范围的拓展

从严格意义上讲,对行政公益传统领域和新领域的研究,仅仅是对既有立法"等内"和"等外"案件类型的进一步确定,并非对案件范围的拓展。在对行政公益诉讼和民事公益诉讼立法文本作进一步对比分析后,笔者发现,一是要求国家利益或者社会公共利益受到侵害,而后者则是明显的行为导向,并不要求损害结果实际发生;二是主体问题,前者为检察垄断主义,后者包含法律规定的机关和其他组织;三是前者具有更为强烈的权力监督属性,而后者更多关注于民事法律关系的保护和修复。笔者认为,上述三点差异,

---

① 参见吴艳艳:《公益诉讼中"公益"之识别》,载《湖北工程学院学报》2018 年第 5 期。
② 参见王春业、王娟:《行政公益诉讼范围的"等外"解读》,载《浙江学刊》2019 年第 6 期。
③ 参见田凯:《拓展检察公益诉讼范围思考》,载《检察日报》2019 年 12 月 17 日。

也正是行政公益诉讼案件范围拓展的三个可探索方向。

（一）探索预防性行政公益诉讼制度

行政公益诉讼重点关注“行政机关违法行使职权或者不作为，致使国家利益或者社会公共利益受到侵害的”现象，带有明显的结果导向性，即要有国家和社会公共利益受到实质性侵害的现象。但公共利益一旦受到侵害，再行监督建议，常有“事后诸葛亮”和“马后炮”之嫌。有观点认为行政公益诉讼，尤其是公益诉讼的诉前程序，不应仅局限于损害结果业已发生后方可提起，尚未造成结果但具有造成损害可能的，也可提起，学界称之为“预防性诉讼条款”。[①] 国家和社会公共利益受损往往是不可逆性的，拓展公益诉讼案件范围应突破“无损害无救济”的传统诉讼理念，对有损害可能的提出预防性建议。毕竟建议仅仅是诉讼的前置环节，而一旦建议无效，其损害可能性则可能成系数增加。《人民检察院检察建议工作规定》中规定，在相关单位或者部门不依法及时履行职责，致使个人或者组织合法权益受到损害或者存在损害危险，需要及时整改消除等情况下，可以提出改进工作、完善治理的检察建议。笔者认为，预防性公益诉讼并不排斥诉讼的本质——对抗，相反探索运用预防性公益诉讼，通过互动解决风险问题，防患于未然，其对抗性也将更容易得到行政机关的理解，特别是在安全生产领域。

（二）尝试集体（群体/区域）利益行政公益诉讼

目前，不少学者认为应参考民事诉讼法的规定，赋予社会组织，甚至公民个人的行政公益诉讼主体资格。[②] 但在现有行政公益诉讼职能由检察机关提起的“国家化”“一元化”制度安排下，我们不能回避的问题是公民个人、社会公益组织的公益保护意愿如何和表达？其诉权通过何种路径来实现？[③] 特别是在特定的群体和区域范围内，超越个体利益，但又不符合“不特定多数人的利益”的情况下，检察机关是否有必要，又如何提起行政公益诉讼。法律是为实现正义，调整利益关系的工具。当集体中多数人的利益受损，当然需要国家和法律提供必要保护。相对于集体中的少数人来说，集体中的大多数人的利益就是公共利益。[④] 检察机关作为公共利益的代表，在特定群体和区域内的多数人出现利益受损现象，可以代行建议行政机关依法履职，甚至提起行政公益诉讼。群体，如教师、医生、渔民等职业人群或者乙肝患者等特殊人群；区域，如某村集体或者某河道、路段范围内的特定人群。此外，在集体公益诉讼模式下，虽然保护的群体和区域是特定的，但产生的间接保护作用，却可以辐射更多、更广范围内的不特定多数人。需要注意的是，当集体利益与国家利益、社会公共利益冲突时，检察机关应当毫不犹豫地选择国家和社会

---

① 参见宋健、王海燕等：《行政公益诉讼若干问题研究——以行政机关的功能定位为研究视角》，载《政府法制研究》2018 年第 8 期。

② 参见杨红、刘芳：《行政公益诉讼语境下的“公益”涵析》，载《西部法学评论》2018 年第 4 期。

③ 参见吴德成、金晓丽：《论检察机关提起环境公益诉讼的谦抑性》，载《西南法学》2018 年第 1 期。

④ 参见胡锦光：《论我国宪法中“公共利益”的界定》，载《中国法学》2005 年第 1 期。

公共利益。

（三）建立行政附带民事公益诉讼制度

《行政诉讼法》具有保护公民、法人和其他组织的合法权益，监督行政机关依法行使职权的双重职责，行政公益诉讼作为行政诉讼的一种特殊类型，同样兼具双重使命。但现有行政公益诉讼制度具有强烈的权力监督属性，对民事法律关系的保护和修复，则往往成为其间接任务，易产生司法资源的浪费。在最高人民检察院发布的第八批指导性案例中，即有行政附带民事公益诉讼案例。白山市人民检察院在诉请确认某区卫生和计划生育局校验监管行为违法，并要求该局立即履行法定监管职责的同时，诉请判令该区中医院立即停止违法排放医疗污水。该案要旨阐述，检察机关在履行职责中发现负有监督管理职责的行政机关存在违法行政行为，导致发生污染环境，侵害社会公共利益的行为，且违法行政行为是民事侵权行为的先决或者前提行为，在履行行政公益诉讼和民事公益诉讼诉前程序后，违法行政行为和民事侵权行为未得到纠正的情况下，检察机关可以提起行政附带民事公益诉讼。可惜的是，此后的公益诉讼立法和司法解释，并未设置行政附带民事公益诉讼条款，虽然指导性案例具有一定约束力，但该案例适用的范围具有较大局限性。笔者认为，有必要建立行政附带民事公益诉讼制度，在行政相对人的行政违法行为和民事违法行为竞合，且行政机关就某一行政法事项作出的处理对于民事事项的处理具有预决性的情况下，可以提出行政附带民事公益诉讼。

对行政公益诉讼案件范围的类型化与拓展，目前基本采用“司法实践＋立法确认”方式循序渐进。未来，在学理研究取得基本一致观点、司法实践探索基本成熟时，公益诉讼可作为独立、特有的诉讼类型，单独立法，对国家和社会公共利益的概念、范围、类型、识别以及公益诉讼的诉前和诉讼程序等，作出系统规定。

# 检察权运行新模式下案件质量管理机制的困境与出路

姚云生*

**摘要**：司法公正是维护社会公正的最后一道防线，而办案质量无疑则是实现司法公正的关键。提升案件质量，促进司法公正，是司法体制改革的重要目标之一。在当前继续深化司法责任制改革的大背景下，实事求是分析研判检察机关案件质量管理机制的现状和困境，探索解决方案，契合当前社会发展对检察工作的时代需要，是全面深化检察改革、提升办案质量和检察公信力的重要突破口。

**关键词**：案件质量管理　司法责任制　内部监督

案件质量是司法办案的生命线，是司法公正的保障。当前，司法责任制改革继续深化，检察权运行新模式逐渐形成，如何依靠现行案件质量管理机制有效规范检察权行使，确保案件质量过硬，笔者结合基层案件管理工作体会作一些探讨。

## 一、当前案件质量管理机制存在的问题与挑战

### （一）内设机构改革后基层案件监督管理职能有所弱化

2018 年检察机关大部制改革及 2019 年检察机关内设机构改革后，全国各基层检察院均取消了单纯的案件管理部门，而是将原来的案件管理部门与法律政策研究、检察技术、警务、人民监督员办公室等部门中的全部或部分整合成为一个大部门，①这对于精简机构、缩减中层干部编制、推进司法责任制改革无疑起到积极作用，但由于这些原来的数个小部门所对应的上级条线部门并未整合，工作内容也并未变化，改革后的基层院大部门必须对应数个上级条线部门，一定限度地造成了基层院案件管理部门职能弱化、职责模糊。此外，内设机构改革后，检察官和检察官助理基本都充实到办案部门，案件管理部

* 姚云生，江苏省无锡市滨湖区人民检察院第六检察部主任。

① 以无锡地区为例，大的基层院为第八检察部，一般基层院为第六检察部，各自职责范围均不尽相同。

门成为薄弱环节,案件管理人才捉襟见肘。案件管理人员平时疲于应付案件审查受理与录入、律师接待、电子卷宗制作、流程监控、案件信息公开、业务数据管理等繁杂事务性工作,导致在案件质量管理方面人力和精力不够集中、效果不佳。

(二)内部平行监督制约存在一定的局限性

根据《人民检察院刑事诉讼规则》《检察机关执法工作基本规范》《人民检察院案件流程监控工作规定(试行)》《人民检察院案件质量评查工作规定(试行)》等,案件管理部门与各办案部门之间的关系是一种相互制约、监督、配合的平行关系。办案检察官根据职权清单依法行使职权,对于职权范围内的事项直接作出决定,对于需要(副)检察长或检察委员会作出决定的事项按程序报经审批决定,而案管检察官对于办案检察官的监督特别是实体性问题和重大程序性问题的监督通常为事后监督。案管检察官的质量评查决定对于办案检察官的监督和约束作用相当有限。有些问题反复出现,不断督促,收效不佳。即使是上级院案件管理部门对下级院提出的监管意见,往往也只是被作为参考,而不被作为依据。

(三)办案权与案件管理权边界比较模糊

案件管理是一种行政手段,如果对管理权的边界搞不清,稍有不慎就会影响检察官办案的独立性,引发责任争议,伤害司法公信。案件管理部门作为办案质量管理的主体,也缺少实践意义上的联动支撑机制,管理的方式较为单一、片面,造成案件质量管理工作表面上在案件管理部门的组织下得到了统一,而实际上仍然较为松散的局面。[①] 当前案件办理和案件监管模式下,案件质量把控主要依赖于检察官自身业务素养以及行政审批、内部请示汇报制度,案件监管发现的问题及对策建议,对于办案质量进一步规范起到积极作用,但作用有限,案件管理部门的监督不具有强制性和权威性,案件办理部门也还没有形成置身于案件管理部门监管之下的行动自觉,导致案件监管投入相对较多,产出相对较少。

(四)案件管理队伍不能完全适应形势要求

司法责任制改革后日益强化的工作职能、不断改进的信息化管理手段,推动着案件管理工作向着更高层次迈进,也对案件管理人员的素质和能力提出了更高要求。案件管理作为一项业务性比较强的工作,要求案件管理人员不仅要精通法律业务知识,熟悉各个部门的业务流程,掌握计算机操作技能,还要具备很强的责任心和纪律性。但是由于检察机关人员与任务之间的矛盾较为突出,而且存在偏重主要办案部门的传统思维,导致业务骨干很少能调整到案件管理部门工作。目前案件管理部门虽然也有一些工作经验丰富的人员,但基本都是来自综合部门的人员或临近退休的老同志,在工作热情、业务能力方面尚不能满足案件管理工作需求。此外,随着检察机关统一业务应用系统、案件

---

① 参见刘兆东:《检察机关案管的发展、困境及转型》,载《检察研究》2018 年第 4 辑。

管理大数据智能辅助应用平台等软件系统的普遍应用,也因为环节增多而增加了干预案件、泄露案情的风险,这对案件管理人员在政治素质、纪律作风方面提出了更高、更严格的要求。

## 二、推进检务管理体系和办案能力建设的方向和出路

### (一)走出认识和定位上的误区

1. 摆脱"办案部门内勤"角色困境。近年来,案件管理部门的事务性工作越来越多,特别在基层检察院,案件受理录入、文书接收流转、律师事项办理、案件信息公开、电子卷宗制作等日常服务性工作似已成为案件管理部门的主要工作。有的基层院还将单位的书记员全部归入案件管理部门,办案部门如有需求,由案件管理部门统一调度。因此,在表象上容易造成案件管理部门是办案部门"内勤"的认识误区。案件管理部门的职能固然包括参谋、服务,但绝不仅仅是个"内勤"部门,参谋、服务是分内之事,要尽心竭力,监督、管理是主责主业,要放在首位。尤其在检察权运行新模式下,纵向监督弱化,横向监督必须强化,案件管理部门对办案权的监督制约不能缺位,而且必须强化,这是时势的选择。对此,检察机关案件管理部门、办案部门以及领导层应形成共识。长远来看,应当构建新型案件监管机制,注重案件管理的精细化、专业化、标准化,突出办案流程监管、质量评查等主责主业,剥离或减少事务性工作,实现从宏观案件管理到微观质量监督转型。

2. 营造"敢于、善于、乐于"监督氛围。充分发挥案件管理部门的监督智慧,丰富监督方式,完善配套机制,在发送流程监控通知书、通报监管情况等传统监督方式的基础上,探索建立健全与监督相适应的考核与奖惩激励机制。加强与检务督察部门的工作衔接,落实司法责任追究制度,保障监管效果。提高内部监督制约职能发挥的灵活性,加强与办案部门的沟通,争取办案部门的理解和支持,减少隔阂和排斥,形成良好的监督氛围,共同致力于提高办案质量、提高司法公信力。

3. 树立协作双赢理念。司法责任制突出检察官办案主体地位,同时也强化了检察官司法责任认定和追究,开展案件监督管理,正是为了提升检察机关内部监管效能,加大对检察官办案的保护力度。① 因此,无论是检察办案业务,还是监督管理活动,两者的目标和价值追求是一致的,只是各自分工不同、工作职能不同。发现并反馈问题、督促整改是手段,规范司法行为和保障案件质量才是目的,监督管理部门在工作中应主动与办案部门保持沟通协调,互通信息,建立监督与被监督的良性关系。办案部门也应正确对待监督问题,认识到"严管就是厚爱",权力失去制约和监督就会产生滥用的风险。

### (二)改进案件质量监督管理方式

1. 增强案件质量管理制度刚性。明确案件管理部门的监管主体地位,通过顶层设

---

① 参见潘晓清:《案件集中管理视角下对提升检察办案质效的思考》,载《法制与社会》2019 年 9 月(中)。

计，赋予案件管理部门充分的监管权限，强化案件管理部门的监管权威。《人民检察院刑事诉讼规则》以及《检察机关执法工作基本规范》对案件管理部门的管理、监督权作了明确规定，但对于案件监督管理的反馈、落实，目前似无相关规定，有待上级检察机关进一步建立健全制度，对内部监督管理的具体实施、督促、落实、反馈、责任等予以明确，保障案件监督管理权顺利实施，取得实效。

2. 案件质量监督管理应适度合理。要坚持以司法办案为中心，尊重司法办案规律，尊重检察官独立办案，适度、合理开展办案质量监管，避免直接干涉具体办案过程。在开展事中流程监控时，一般侧重程序性问题，不进行实体审查，否则就可能对正常独立办案造成干扰，影响办案质效，甚至会导致实体责任上的互相推诿。在开展事后质量评查时，主要侧重于实体性审查，以便对办案质量作出实体评价，及时督促纠正违法情形。单纯的程序性审查，则易流于形式，无法实现监督的有效性，最终也无法真正建立起权威性的案件质量评价机制。①

3. 借力信息化手段加强案件质量管理。依托质量评查网上平台开展立体化大异地交叉评查，除日常评查本单位案件外，上级院对下开展抽查和专项评查，上级院主导开展下级院之间的横向随机分案互查，提升评查工作质效。根据检察业务发展趋势，由办案部门、案管部门共同协作提出需求，及时开发应用软件系统，实现检察大数据的采集和利用，充分运用信息化资源，辅助实现办案质量管理。如江苏省检察机关已研发案件监督管理大数据智能辅助应用平台，通过平台开展流程监控、质量评查、权利保障、绩效考评、决策分析等工作，成效明显。

4. 坚持上下内外监督制约相结合。除案件管理部门和检务督察部门的内部平行监督外，也要重视上级院对下级院办理案件的指导、监督、管理，通过案件指导、备案备查、专项检查、错案责任倒查、审核决定等方式，对下级院办案进行监督。对存在严重瑕疵或者不规范司法行为，提出监督纠正意见。案件处理决定确有错误的，依法通过相应方式予以纠正。检察委员会、（副）检察长根据职权清单，通过行使审批决定权对个案办理开展监督。此外，还要主动接受人民监督员的监督和人大专题审议，通过依法公开案件法律文书、程序性信息和重要案件信息，接受社会监督，倒逼司法办案规范。当然，在多头监管并存的情况下，必须正确处理相互之间的关系，必须尊重检察官的办案主体地位。

*（三）以人为本推动案件质量管理科学发展*

1. 尊重检察官的办案主体地位。管理学的人本原理要求在管理活动中坚持一切以人为核心，力求实现人的全面、自由发展。检察官、检察官助理都是“检察产品”的直接“生产者”，应当承认他们的劳动付出，这就要求进一步明确不同检察人员的职责分工、地

---

① 参见何斐明：《司法责任制背景下检察机关案件管理工作的检视与完善》，载《上海法学研究》2019 年第 7 期。

位作用，充分调动和发挥他们的主观能动性，共同做好“案件”这一检察产品。

2. 优化检察人员结构和任用机制。应当清醒地看到，员额制改革在初步实现检察官专业化、职业化的同时，也带来包括检察队伍内部产生裂隙、办案人员忙闲不均、检察人才流失加剧等一系列问题。为了实现办案人员的稳定化、梯队化，提升办案检察官、检察官助理、书记员的职业尊荣感和归属感，奠定案件质量基础，建议进一步完善员额检察官选任机制、退出机制和检察人员职务晋升机制，使更多的优秀的检察官助理、书记员有机会晋升为检察官、检察官助理。

3. 加强案件监督管理专业化建设。打铁还需自身硬，要推动案件质量管理人员专职化，案件管理部门明确职责分工，安排人员专门负责案件质量管理，避免临时负责或兼职负责。负责案件质量管理工作的人员一般应是公认的专业、公正的资深业务专家，有条件的单位可以考虑由具有一定行政级别的领导干部专司案件质量管理，由检委会委员或专职检委会委员担任案件管理部门负责人，直接对检察委员会和检察长负责。通过岗位练兵、业务培训、研讨交流、自主学习等多种方式，不断提升案件管理人员的业务素养和能力，锻炼和培养复合型、专业化案件质量管理人才。

（四）落实案件质量监管与业绩考评挂钩

1. 抓实业绩考评，坚持质效为重。遵循司法规律，改变数量为王的价值取向，全面推行以“案—件比”为核心的质量评价指标体系，进行综合考评，不拘泥于案件的瑕疵问题和细枝末节。克服“唯数据”论，重视办案质量、效率、效果评价在业绩考评中的地位和作用。实行层次化、差别化的考评，打破“大锅饭”，综合考虑具体案件的类型和难易程序、办理效率、社会效果乃至服务大局、参与社会治理等方面。推动检察官更加尽责履职，把案件办到极致、办到最好。探索引入外部评价，让当事人和律师等诉讼参与人成为评价主体，实现评价主体的多元化，提升检察公信力和人民群众的满意度。

2. 运用评查结果，压实质量责任。完善司法责任和错案追究机制，将办案过程中的责任分解到人，落实个人质量责任，依法依规开展责任追究，防止司法责任追究制流于形式，防止规避责任。建立完善质量通报制度，定期通报案件质量考评结果并纳入年终考评，记入检察官司法档案。对多起案件被评查认定不合格的部门负责人和办案人员实行轮岗或进行约谈，责令自查检讨。严重的则要启动员额检察官退出程序，防止和减少因办案检察官业务能力不高或责任心不强而造成案件质量问题。①

3. 落实反馈机制，做到奖惩分明。办案质量反馈机制是调动检察官办案积极性的重要杠杆，也是激励完成业务工作目标的重要手段。做到业绩考评与奖惩挂钩，通过考评机制对检察官的办案质量进行甄别。在评优评先时，首先考察办案质量是否符合标准。对质量优秀的案件及时表扬，按照案件类别评选年度“精品案件”，予以印发和宣传。对

① 参见张啸远、张晴：《检察机关案件质量管理机制的完善路径》，载《人民检察》2019年第3期。

办案中有突出贡献的承办人,进行表彰和奖励,激发办案人员工作热情。业绩考评的结果作为检察官记功奖励、职级晋升的重要依据。相应地,对业绩考评较差的,要与业绩考评好的拉开奖金分配档次。奖优罚差,真正让干得好的和干得不好的不一样,调动办案人员的主观能动性和办案积极性。

# 会议综述

## 江苏省法学会刑事诉讼法学研究会 2020年年会会议综述

李　川　刘双阳　孙　睿　丁紫瑶*

2020年11月3日至4日，江苏省法学会刑事诉讼法学研究会2020年年会在常州召开。

本次会议围绕“推进国家治理体系和治理能力现代化背景下的刑事诉讼法学研究”的主题，具体开展了电子证据问题研究、未成年人刑事司法问题研究、《人民检察院刑事诉讼规则》等刑事诉讼司法解释适用问题研究、刑事法治现代化与刑事司法能力现代化研究四个专题的研究。与会代表围绕年会议题共提交了109篇论文。

本次年会论文以及专题交流中，与会代表围绕相关主题，对当前正在进行的刑事司法改革和刑事诉讼中的一些重大问题作了深入的研讨。现将讨论的重点问题及主要观点作简要综述如下。

### 一、电子证据问题研究

在刑事司法领域，电子证据在司法活动中发挥着越来越重要的作用，成为证据体系中不可忽视的重要部分。本专题围绕刑事诉讼中电子证据的认定问题展开讨论。

#### （一）电子证据的概念与特性

尽管电子证据的概念相对明确，争议却无法消除，理论界和实务界仍然众说纷纭，莫衷一是。有的参会者指出，目前对电子证据的研究尚处于初步阶段，关于电子证据还是

* 李川，东南大学法学院教授；刘双阳、孙睿、丁紫瑶，东南大学法学院博士研究生。

电子数据的名称(混用电子数据、电子证据、电子物证、数据电文等)定义、确切概念、内涵外延应如何界定,仍然需要进一步厘清。

有的参会者认为,广义的电子证据概念被越来越多的人接受,而这通常被我们统称为电子数据证据,作为互联网时代的一种新型证据,电子数据证据具有变化多端的表现形式,可以是一种不可直观感受的网络数据形式,也可以是可以直接感受其内容的文本、图形、音像等形式。

有的参会者认为,监察委员会成立后,在职务犯罪调查中电子数据证据面临与刑事司法电子数据证据的衔接问题,而监察电子数据证据和刑事司法电子数据证据在概念的本质上是一致的。

有的参会者认为,刑事侦查中电子证据的特点包括高科技性、易被破坏性、高精密高传递性、可复原性以及隐匿性等。电子证据内在实质上的无形性和易被修改破坏,让其作为证据是否具备真实性和完整性的认定中,对其证据效力和是否被采信都有一定影响。

(二)电子证据取证规范性问题

针对司法实践中一些办案人员取证意识薄弱,取证操作不规范,取证能力不足,技术保障不充分等问题,有的参会者提出,通过强化培训学习、提高取证能力,完善办案评价体系,从内部管理监督和外部侦查监督两个方面加强案件引导来增强办案人员的电子证据取证意识;通过明确各环节相关人员责任,并强化责任追究来保证取证规范落实到位;通过技术力量下沉办案一线,建立侦技合作工作机制,优化审批流程、明确特别程序来加强技术保障,推动电子证据取证工作规范化运行。

有的参会者提出,电子数据取证应当遵循特殊取证原则,由于电子数据的高度技术化、数据的海量碎片化、表现方式的无形化等特性,要从取证专业性、数据无损性和取证应受监督等角度讨论电子数据证据的特殊取证原则。还有的参会者指出,电子取证应该遵循合法性原则、及时性原则、全面性原则、专业性原则以及无损性原则等规范化原则。

有的参会者指出,除了要确立并规范电子证据的取证程序,也就是电子证据的获取、储存和呈现过程要更加规范化,更重要的是建立电子证据取证主体的资格认证制,完善人才培养和储备机制。

有的参会者指出,电子数据存储时面临着易被篡改、不稳定、难固化、易被损坏等安全威胁,应细化提取固定证据规范,特别是网络远程固定数据库证据,从而提高电子数据的证明效力。

有的参会者提出,电子数据取证程序不规范,将直接影响证据效力。因而必须通过规范程序获取符合法律审查认定标准、具有刑事案件证据合法性资格的证据,降低甚至免除因程序规范性方面问题给刑事案件电子证据的真实性所带来的问题。

有的参会者认为,关于取证程序的规范问题,还表现为在取证过程中可能遭遇一些加密反取证技术的干扰和破坏，取证中还会涉及散在性网络节点等问题，又会涉及不同管辖权的问题。

有的参会者认为，现有的法律法规和司法实践均反映出，电子证据的检查、提取程序在保障当事人权利方面还存在一些不足，如当事人知情权、对抗权的不足，以及涉众电子证据可能面临的隐私泄露风险等问题。

（三）电子证据存在问题的解决路径

有的参会者指出，要完善电子证据方面的司法解释、实施细则，推动立法机关明确概念定义并出台位阶更高的法律、条例，改变电子证据法律与技术“两张皮”现象。

有的参会者提出，电子数据取证涉及法律、侦查、计算机网络等知识，对取证人员技术水平要求很高。要提高司法人员电子数据取证、审查能力，积极采用各类方式开展技术培训工作，同时做好队伍建设的顶层设计。

有的参会者认为，要进一步提高检验鉴定的技术水准，使用智能化、制度化的手段实现效能上的突破，要加大研发力度，更新取证的软件、硬件设备，打造系列智慧产品。

有的参会者指出，应对电子数据证据的类别和特点等进行细区分，进行证据分组，结合不同特点采用不同方式进行举证展示。

有的参会者提出，要加强电子证据司法适用的部门协作，建立数据共享机制，打造大数据共享平台。

## 二、未成年人刑事司法问题研究

本专题围绕未成年人刑事司法所涉及的未成年人犯罪预防与治理、少年司法改革、刑事责任年龄确定、罪错行为分级处遇、证据认定、犯罪记录封存、被害人保护、社会支持体系、社区矫正等诸多议题展开讨论。

（一）未成年人犯罪预防与治理

有的参会者通过实证研究发现，从绝对数量上看，未成年人犯罪形势依然不容乐观，犯罪类型呈现多元化扩散的特点，犯罪的经济诱因从家庭经济窘迫型向个人挥霍消费性转变，且共同犯罪比例较高，进而从制度建设、教育引导、惩戒帮教三个层面提出预防和减少未成年人犯罪的对策建议。

有的参会者以实施暴力性违法犯罪的未成年人为研究对象，发现涉案者文化程度普遍偏低，身份多为闲散、无人监护人员，行为多呈现聚众、被动和盲目性，导致出现认知偏差、情感偏差和意志偏差，提出治理未成年人违法犯罪须根除教育中的“冷暴力”，通过环境改善、欣赏教育、心理辅导、法治教育等帮助未成年人形成良好的自我意识。

有的参会者提出，应遵循社会管控、政府主导、家庭尽责的原则，坚持一般预防和特殊预防相结合，构建全方位的预防性侵害未成年人犯罪机制。还有的参会者主张，通过对《刑法》第 236 条强奸罪“情节恶劣”的合理解释和附加惩罚措施的引入，对性侵害未成年人犯罪的刑罚予以修正，提高性侵害未成年人犯罪的实施成本和代价。

（二）未成年人司法改革

有的参会者认为，我国未成年人司法模式应以恢复性司法为主、惩罚性司法为辅，尽量采用非羁押的方式，遵循非刑罚化原则。有的参会者提出，对涉嫌犯罪的未成年人如果所犯罪行不是特别严重，原则不应对其采取拘留、逮捕等羁押性强制措施，而应适用以教育矫治与复归社会为目标，具有非刑罚性、复合性、谴责性的未成年人刑罚替代措施。我国应探索未成年人刑罚替代措施，打造“体系化、递进式”的刑事责任承担制度。

有的参会者提出，探索在未成年人刑事案件侦查阶段试行律师在场制度，充分利用律师的专业优势为未成年人提供法律帮助，对现有合适成年人在场制度进行补充。有的参会者提出，律师应当以委托辩护或者法律援助的身份参与未成年人认罪认罚制度，全程提供帮助与监督，重点考察罪与非罪的认定，认罪的自愿性以及过程的合法性，并且提出有针对性的量刑协商建议。

还有的参会者提出，我国应在附条件不起诉和认罪认罚从宽制度的基础上，基于审前分流，探索建立未成年人轻微犯罪的立案前端分流制度，增进未成年人犯罪案件的实体公正，优化司法资源的合理配置，贯彻“治病救人”的少年司法理念。

（三）刑事责任年龄的确定

低龄未成年人实施恶性犯罪频见诸报端。有的参会者提出，当前未成年人的辨识和控制能力已今非昔比，与未成年人相关的极端暴力犯罪时有发生，降低刑事责任年龄符合我国当前国情，建议以12周岁为刑事责任年龄的起始点，重新划分未成年人刑事责任区段。

另有的参会者反对降低刑事责任年龄，主张引入恶意补足年龄规则，从而弥补现行法律规定的不足之处，实现打击犯罪和保护未成年人合法权益之间的平衡。

还有的参会者认为，在刑事责任年龄阻却刑事责任的承担后，不应再按照《治安管理处罚法》规定予以治安处罚。

（四）罪错未成年人分级处遇

未成年人罪错行为的社会干预与司法处遇是当前社会普遍关注的核心议题。有的参会者认为，当前我国罪错未成年人分级处遇制度较为粗陋，存在立法规制不足、分级标准不一、处遇措施不力、操作实践不畅等问题，导致干预效果并不理想，应在评估罪错未成年人人身危险性的基础上，构建一套充分体现和尊重未成年人罪错行为处置规律的分级处遇制度。

也有的参会者认为，现行法律体系以年龄作为区分处遇方式的基础，直接导致对罪错未成年人一罚了之或一放了之，进而提出以检察机关行使“先议权”为基础，对罪错未成年人进行分流，构建保护处分体系，实现少年触法的“第三种后果”。

另有的参会者针对未成年人罪错行为提出构建临界预防制度，旨在通过检警协作扩展线索发现机制，通过精准的社会调查评估为介入提供依据，通过分级处遇完善细化介入层次，通过资源整合打造未检社会化支持体系。

（五）未成年人犯罪记录封存

2012 年修订的《刑事诉讼法》正式确立未成年人犯罪记录封存制度。有的参会者认为该制度顺应了涉罪未成年人权益保护的时代潮流，但在理念指导层面，存在无条件保护未成年罪犯利益最大化的错误倾向和对犯罪记录封存本身寄予过多希望的问题；在制度具体设计上，不仅存在规定过于粗糙、配套措施尚未跟上的弊端，而且对公共安全与未成年罪犯利益权衡不够科学，对未成年罪犯康复与犯罪记录封存之间的联系也缺乏必要的关照。

也有的参会者指出，未成年人犯罪记录封存制度在实践运行中存在多元化管理、缺乏有效监督、与现行法律法规冲突等问题，应在国家治理视域下重新审视犯罪记录封存的内涵和意义，进而提出构建一元化查询管理模式、明确保密义务与法律责任、完善封存制度救济与监督途径、修改相关规定以适应封存制度等完善路径；另有的参会者提出采用个案分析、增设考验期、细化现行制度施行程序等完善建议。

（六）涉未成年人刑事案件证据认定

涉未成年人刑事案件证据认定是司法证明的难点。有的参会者从刑事诉讼中证据的获取与效力两方面，对侦查机关依法获取的，以电子记录、电子档案形态的多种证据在诉讼中确认未成年犯罪嫌疑人的准确出生日期的证据效力进行了分析。

有的参会者提出在猥亵儿童案件中对证据材料采用“二次验证”方法，即以儿童证言为验证对象与在案证据进行比对验证形成印证事实，再将印证事实与在案证据之间进行综观式验证以排除矛盾，确保案件的质量。

有的参会者提出性犯罪取证技术性难题和未成年被害人陈述获取实践性难题使得性侵害未成年人案件面临双重举证困境，一定程度上妨碍了对犯罪人的追诉和对未成年被害人权益的保护，应通过完善立案、调查取证、庭审质证程序以及法律援助制度，弥合双重举证困境。有的参会者基于性侵未成年人案件的特殊性，提出应在坚持刑事印证模式的基础上，建立以被害人陈述为核心的证据审查标准。还有的参会者提出以排除合理怀疑为目标，进一步完善性侵害未成年人案件言词证据和客观证据的审查规则。

（七）未成年被害人司法保护

有的参会者建议，为保护性侵害案件中未成年被害人的人格尊严和隐私，在向未成年被害人调查取证时，司法机关应严格落实“一站式”询问机制，尽量一次、全面取证，避免对其造成“二次伤害”。

有的参会者认为，当前我国的精神损害赔偿制度未能与未成年人“特殊、优先保护”的司法价值吻合，应将精神损害赔偿纳入对刑事案件中未成年被害人的赔偿范围，辅以配套国家救助措施，充分保障未成年被害人权利。

有的参会者提出，在刑事政策上对未成年被害人的保护应有所侧重，在刑事诉讼模式上应适当凸显未成年被害人的诉讼定位，赋予其相应的异议权、否决权和量刑建议权等，建设以司法为主导的未成年被害人社会支持体系。还有的参会者指出，律师作为法律职业共同体的一员应承担起关爱未成年人被害人的重大社会责任，应建立、健全相关措施，保障律师以未成年被害人的诉讼代理人身份参与刑事诉讼程序的权利。

（八）未成年人检察社会支持体系

就进一步完善我国未成年人检察工作社会支持体系，有的参会者提出，未成年人检察社会支持体系的构建需要一个专门的机构来承担牵头、协作职责，专业性的未成年人社工组织参与检察工作是未成年人检察社会支持体系的重要组成部分，政府购买服务可以作为维持未成年人社会支持体系正常运转的最佳选择；此外，有的参会者建议，理顺未成年人检察工作与社会支持体系建设的关系，要找准社会支持体系建设的立足点和关键路径，加强未成年人社会支持体系的顶层设计，建立政府主导的未成年人司法保护转介专门机构，建立健全司法社工人才培育机制，开拓多元化制度化的经费支持途径，建立实体化未成年人社会服务中心，建立未成年人司法服务的评估和考核体系。

（九）未成年服刑人员社区矫正

有的参会者提出，观护帮教和社区矫正是在不同阶段履行对未成年人预防惩治职责的工作模式，两者具有共同的司法理念，而且在亲职教育、心理干预、帮扶安置等方面也多有重合，应加强沟通、整合资源、规范流程，推动观护帮教与社区矫正的衔接与融合。

有的参会者认为，随着我国未成年人犯罪率和重新犯罪率不断降低，未成年服刑人员社区矫正的重点需从预防犯罪，逐步转为深入化、精细化的监督管理与教育矫治，重视帮扶，尽力满足未成年社区服刑人员的学习和就业需求，使其快速、有效复归社会。

## 三、《人民检察院刑事诉讼规则》等刑事诉讼司法解释适用问题研究

本专题主要探讨了实务中的部分重点刑事诉讼制度，主要从检察机关的视角，分析当前立法与司法中存在的刑事诉讼难题，重点分析了《人民检察院刑事诉讼规则》（以下简称《刑诉规则》）实施后的认罪认罚从宽、管辖、证据、强制措施等制度的适用问题，并提出相应的解决对策。

（一）认罪认罚从宽案件问题

1. 检察机关的主导责任。有的参会者认为，检察机关履行刑事诉讼审前主导责任，主要体现在对案件进行全面审查上，具体体现在：主导刑事指控；对办案方向、证据收集发挥引导作用；引导侦查取证工作；把控审前过滤。

2. 精准量刑。有的参会者认为，指导量刑建议规范缺乏，量刑标准不统一，检察官提出精准量刑建议能力有待提升，调整量刑建议程序规定不明确等，亟待通过完善量刑规范、实现区域性统一量刑标准、提升检察官量刑建议精准化的能力、探索构建量刑情节评

价体系等方式达到量刑建议的精准化要求。还有的参会者提出，既要维护量刑标准的统一性，又要体现量刑的个别化，提高法律适用能力和类案检索能力，增强推动量刑建议相关配套工作的能力，推动刑事和解、赔偿损失工作，提高推动公益损害修复的能力，增强自行调查评估工作的能力，以类案量刑检索为基础，细化地方量刑标准。

有的参会者提出，检察主导的精准量刑的路径构建：一是可在《刑法》中增确认认罪认罚为法定减轻处罚的依据；二是检察机关应当协助辩护律师强化有效量刑辩护；三是检、法要共同推进认罪认罚从宽的机制建设。

3. 认罪认罚值班律师。有的参会者认为，认罪认罚从宽案件中存在值班律师提供法律援助有效性不足的问题，原因主要在于：法供给不足、值班律师参与方式形式化、公安司法机关提供便利不到位、相关质量评价体系不健全。建议在《法律援助法》中完善顶层设计、强调值班律师的勤勉尽责义务、完善值班律师履职便利保障机制、健全对法律援助的质量评价机制，以此来确保值班律师提供法律援助的有效性。还有的参会者提出，当前实践存在法律援助律师无法及时充分了解案件情况，处于一知半解的情况就进行了所谓的见证等问题，对此应当构建对抗与协作相统一的审辩关系、科学制定量刑清单、完善配套措施。

4. 被追诉人反悔权。在是否应当承认反悔权这一命题上，有的参会者认为，追诉人反悔符合刑事司法规律和“认罪契约”理论，而反悔权也属于权利救济的途径，因此应当保障被追诉人反悔的意志自由。也有的参会者提出，反悔权的适用情形应当具备正当理由，包括认罪认罚非自愿、非明智，没有犯罪事实或出现新证据，刑罚明显不当等。被追诉人反悔后，需解决好权利救济问题，对因认罪认罚获取的有罪供述应排除适用，转为普通程序审理。

（二）案件管辖问题

有的参会者提出，指定管辖产生争议的原因主要是由于网络犯罪关于“有管辖权”的规定过于宽泛，侦查机关缺乏与检、法的有效沟通，检察机关网络犯罪监督机制空白。对此应明确指定管辖的原则、具体标准和程序。

（三）证据认定问题

针对当下我国《刑法》与《治安管理处罚法》在实践中的衔接不力而导致的证据使用问题，有的参会者认为，公安机关办理治安案件中收集的言词证据，只要符合证据“三性”，即可作为刑事证据使用，因此治安案件过程中收集的证人证言、被侵害人陈述、违法嫌疑人陈述和申辩可以补充后有条件地作为刑事证据使用。

（四）强制措施适用问题

当前刑事诉讼实践对于如何界定“需要继续取保候审”存在较大争议，有的参会者认为，对不同诉讼环节办理取保候审程序宜作出明确规定，进一步优化保证人制度，并强化司法衔接、提升强制力。

有的参会者认为，当前《刑事诉讼法》和司法解释没有规定撤回提请批准逮捕案件的程序，应当设置"侦查机关提请批准逮捕案件的撤回"，与检察机关起诉案件撤回起诉一样，作为终止刑事案件司法程序的一种方式。

（五）审查起诉阶段问题

有的参会者认为，在职务犯罪案件中，检察机关享有的自行补充侦查权是一种侦查权而非检察权，与监察机关的调查权是补充关系，并提出"自行补充侦查的启动以'必要'为前提"，应明确自行补充侦查的范围，从而更加积极稳妥地推动检察机关在职务犯罪案件中履行好诉讼主导职责。

有的参会者提出，酌定不起诉在实践运用中存在适用标准不统一、罪名范围不明确、适用程序烦琐、监督程序多面性等问题，对此应当扩大适用范围、细化适用标准，简化审批程序、建立配套措施，推行公开审查、普及制度优势。

（六）审判阶段问题

有的参会者认为，案卷笔录中心主义的审判方式、立法缺陷、证人人身安全保障不充分等因素限制了证人出庭作证的主动性。作为庭审关系中的控方，检察机关应创新证人出庭作证模式、完善出庭证人的合法权益保障机制、构建证人出庭证言的质量把控机制。

有的参会者针对缺乏细致明确的控告申诉检察职能工作规定、部分人员办案意识有待加强等状况，提出应当采取完善细化刑事立案监督程序、提升检察干警监督意识等措施构建新时期立案监督工作的规范体系，提高立案监督案件办理质量。

针对刑事案件被法院退回问题，有的参会者认为应当完善法院退回后续处理的规范制定，构建对法院退回刑事案件的监督体系，运用技术手段弥补取保候审的执行，加强检法沟通，提升办案质效。

## 四、刑事法治现代化和刑事司法能力现代化研究

（一）刑事司法智慧化探索

随着科技水平的不断发展，要将刑事司法和现代科技应用深度融合，使现代科技助力司法改革，推动新时代刑事司法质量和效率的提升，实现刑事司法能力现代化。

1. 刑事诉讼在线庭审规则的完善。有的参会者提出，要以"庭审实质化为中心"规范远程庭审工作，以当事人权利保障及庭审实质化为着力点，增强民众对庭审程序的认可度、对判决的接受度。需要确立以线下庭审规则为框架、符合在线庭审特点的规则体系，推进远程庭审规范适用、高效运转。

2. 刑事案件信息化办理。有的参会者认为，除远程庭审外，还要探索建立远程视频讯问机制，看守所在押犯罪嫌疑人的远程视频讯问机制，取保候审犯罪嫌疑人的远程视频讯问机制等。要探索建立多方视频参与认罪认罚具结书签署的工作机制以及建立视频召开庭前会议、视频开庭的工作机制。

3. 大数据时代刑事检察检务变革。有的参会者认为，要加强顶层设计，推进智慧检察建设，把实施大数据战略和改革强检战略有机结合起来，积极推进检察技术改革而呼唤产生的检察职能优化、机构整合、体制变革、机制完善，大力实施检察大数据战略，着力打造数据检务、建设智慧检察。

有的参会者指出，在技术层面，要建立统一的检察云计算平台，搭载刑检视讯平台，推动检务资源科学合理整合，要运用云技术建设全国统一的检察云计算平台，打破检种壁垒，全面推进数据信息大整合、高共享。

（二）新时代检察机关法律监督体系建设

有的参会者认为，破解检察机关目前侦查权和公益诉讼检察在职能行使中的瓶颈和困难，应该将侦查权和公益诉讼检察职能予以整合，形成检察机关完备的新案型法律监督体系。要以内设机构整合探索创设新案型法律监督体系实践路径及发展意义，以内设机构整合重构为切入点，促成办案力量的有机融合，专业化办案能力的集中建设。

有的参会者指出，应当顺应改革发展要求，构建符合宪法定位的检察监督格局，要加强与法院之间的监督制约，增强刑事审判法律监督实效，强化民事、行政诉讼监督，深化刑事执行检察、控告申诉检察等，积极推进公益诉讼。

有的参会者指出，在刑事检察工作中要更新刑事司法观念，探索建立现代化刑事和解工作机制，强化证据意识，提高刑事司法能力，以刑事检察官专业化、刑事检察工作的现代化建设推进刑事治理现代化。

# 书 评

# 功利主义的"自我救赎"

## ——穆勒《功利主义》书评

尚晓晓*

**摘要**:穆勒的《功利主义》一书是穆勒通过论证来为功利主义正名。功利主义之"功利"一词绝非"势利"的同义语。功利主义的最终目标是"最大多数人的最大幸福"。功利主义将追求幸福作为目的,并为人们的行为提供了可操作性的具体标准。

**关键词**:功利主义　幸福　正义

功利主义作为一种思想不曾陷入歧途何来"自我救赎"一说呢? 的确,功利主义思想本身不需要"自我救赎",因为它本身没有误入歧途,也不曾造成罪恶。但是却不得不谨慎细致地去"自我救赎",因为有那么一些人,甚至大部分人错误地认识了"功利"的含义,以至于错误地理解"功利主义"的思想。既然大部分人认为功利主义过于"势利",那么即便它是正确的也不得不"被错误化"。功利主义正是由于不能及时为它的观点辩护,才会导致人们对它的误解,这本身就是它的错误,为此它就不得不承担这个错误,将自己从这个"错误"中拯救出来。而拯救的方法便是对功利主义的反对者尤其是那些诋毁者进行反驳,并详细论证功利主义的思想,使更多的人正确了解功利主义,从而信奉功利主义,穆勒的《功利主义》对"功利"作了深入的论证。

### 一、功利原理与道德

穆勒《功利主义》的理论基础是功利原理,而功利原理是道德之根本。然而在道德中

---

* 尚晓晓,江苏省宿迁市人民检察院检察官助理。

似乎并无法直接得出功利原理,但功利原理为什么是道德之本呢?原因在于“那些最终被确立为一门科学之基本原理的真理,事实上乃是对与该科学密切相关的基本概念进行形而上学的分析后得出的最后结论;它们与该科学之间并非地基与大厦的关系;而是树与根的关系;它们从不曝光于众目睽睽之下,却发挥着与科学同样重要的作用”[①],功利原理是对与道德相关的概念进行形而上的分析后所得出的原理,它并不暴露在明处,而是隐藏在暗中对道德起着指导作用。“是非”标准乃是“确定孰是孰非的手段,并非业已确定的结果”,[②]人们似乎凭借直观的或者说本能的所谓道德感就能够得到是非的判断,但是这无疑会导致在是非判断上的困难重重。因为人们总是倾向于“不是把某种稀松平常的伦理规矩思维某种先验的道德权威,就是将一些毫无号召力的不可能被普遍接受的泛泛之词作为道德箴言”,[③]而事实上道德应该源于某个或者某些原理或法则,并且这些原理或法则必须有顺位,当出现冲突时在其中起根本作用的第一原理就发挥决定作用,这个起根本决定性作用的原理就是功利原理。功利原理有着可操作的具体标准,那就是追求“最大多数人的最大幸福”。人们的道德信仰一直以来因为不存在某种公认的基本原理而缺乏连贯性和稳定性,有时使人们无所适从,但是其实它往往受到功利原理的影响,虽然人们以往没有意识到,也唯有功利原理自始至终影响人类的一切情感和行为选择,无论爱或者恨等等,即便那些蔑视功利原理的人对此也不会反对。

## 二、功利原理与幸福

人们之所以会对功利主义误解如此之深,是由于人们往往将“功利”与“快乐”对立起来,使得“功利主义”这个词不是被人们鄙视就是被用于恭维的话中。但其实功利就是快乐本身,其本质是“避苦求乐”,最终目的是达到“幸福”。趋近快乐远离痛苦就意味着能够得到“幸福”,“接受功利原理(或最大幸福原理)为道德之根本,就需要坚持旨在促进幸福的行为即为‘是’,与幸福相违背的即为‘非’这一信条”。[④] 人们所追求的东西都与幸福有关,都是本能的避苦求乐,要么是事物本身能够促进快乐,要么是其能够减少痛苦,而功利道德就处于这样一种“生活原理”之中。这里的快乐绝不是那种牲畜的快乐,人比动物拥有着更高的官能,他会自觉地优先选择那种可以发挥他们更高一级的官能的快乐。不难发现,有些年轻时怀有满腔热血的人随着年龄的增加日益懒散甚至沉迷于低级趣味中,事实上他们是被迫沉迷于低级趣味而无力追求高级趣味。快乐是作为真正“功利”或者“幸福”的必要组成部分,但是这种并非幸福的全部,因为“功利主义的标准

① [英]约翰·斯图亚特·穆勒:《功利主义》,叶建新译,九州出版社 2006 年版,第 5 页。
② [英]约翰·斯图亚特·穆勒:《功利主义》,叶建新译,九州出版社 2006 年版,第 3 页。
③ [英]约翰·斯图亚特·穆勒:《功利主义》,叶建新译,九州出版社 2006 年版,第 7 页。
④ [英]约翰·斯图亚特·穆勒:《功利主义》,叶建新译,九州出版社 2006 年版,第 17 页。

不是指行为者自身的最大幸福，而是指最大多数人的最大幸福”①。幸福不是那么能够容易得到，但是“功利主义并不只是代表追求幸福，它同时也意味着预防和减缓不幸”②。对于那些英雄或者殉道者，我们看不到他们幸福，甚至悲天悯人地认为他们极其地不幸，但是幸福却真实地存在，因为他们在追求一种比自己的幸福更重要的东西，即更大多数人的幸福，而这本身就是一种幸福。我们所处的世界是不完美的，幸福是需要个人去追求的，同时也会有人牺牲自己的幸福来更好地服务他人的幸福，他的牺牲增加了社会幸福的总量。“为了最大多数人的最大幸福”，看似跟牺牲自己奉献他人及社会一样高尚的品质，以至于让人怀疑功利主义的标准是否过高？其实这个问题是混淆了功利主义的行为准则和行为动机，没有一种伦理体系是要求人的行为的唯一动机必须是出于一种义务感的，“相反，我们百分之九十九的行为都是出于其他某些动机，并且只要不遭致行为准则的谴责，这么做就是正当的”③。人们在一般场合只需要关注私人利益即少数人的利益或者幸福就可以，只有在那些自身行为的影响已波及整个社会才有必要考虑目的的广泛性，即大多数人的最大利益或者说幸福。人们可能因此滑入势利，但是功利绝不是“势利”，二者在某种意义上是对立的，人们也不能为了眼前的、私人的利益而不顾一切，因为为了长远的利益才是符合快乐的本性的，人们才能因此而得到真正的幸福。功利原理作为道德义务的终极来源，对道德起着原则上的指导作用，只有当“道德的从属原理发生冲突的情况下，我们才有必要诉诸基本原理”④。

功利原理像其他一切的道德体系一样拥有着约束力，这种约束力包括外在约束力和内在约束力。外在约束力是外在报答或惩罚，无论精神的抑或肉体的，其全部威力都与人性所认可的一切相辅相成，共同推动道德的执行；而内在的约束力则来自人的内心情感，这种内心的情感就是我们称其为“良心”的情感，它能够在当事人的身上体现出巨大的力量。现代几乎所有人都意识到，人是社会的存在，如果有什么原理凭人的直觉就知道是义不容辞的，那么这样的原理必定是促进普遍的幸福，这是一种经过人类文明进步所形成品质。这对最大幸福具有着强大的终极约束力，当个人的行为与他人的幸福背道而驰而外在约束不足时，这种内在的约束就会促使行为人做出符合普遍幸福的行为，否则他将受到良心的谴责，而几乎没有人生活在这个社会中会冷漠到无视他人利益的。

功利原理作为一个终极意义上的目的是需要通过推理来证明的，而对于这种终极目的也只能通过推理来证明，“唯一可能证明一样事物值得渴望的道德理由就是人们的确渴望它”⑤，而事实上每个人相信幸福是可以获得的而且都渴望获得幸福，那么功利原理

① [英]约翰·斯图亚特·穆勒：《功利主义》，叶建新译，九州出版社2006年版，第29页。
② [英]约翰·斯图亚特·穆勒：《功利主义》，叶建新译，九州出版社2006年版，第31页。
③ [英]约翰·斯图亚特·穆勒：《功利主义》，叶建新译，九州出版社2006年版，第43页。
④ [英]约翰·斯图亚特·穆勒：《功利主义》，叶建新译，九州出版社2006年版，第61页。
⑤ [英]约翰·斯图亚特·穆勒：《功利主义》，叶建新译，九州出版社2006年版，第81页。

也就获得了证明,因为幸福正是功利原理的终极目的。或许人们会认为这种证明根本就是靠不住的,因为人们不仅仅渴望幸福,而且还渴望很多东西。比如,美德、金钱、权势、美女等等,但这一切的终极目的无外乎获得幸福,当人们获得这些东西时自然地认为自己是幸福的。"除了幸福以外,事实上不存在其他被渴望的东西,无论何种事物被作为实现某种更高目的(最终幸福)的手段而受到渴望,都是因为它本身就是幸福的一部分,由此功利原理也就被证明了。"①

## 三、功利原理与正义

在推论功利原理的过程中最大的障碍就是正义,正义似乎就像是人的本能一样,一旦被侵犯就可以瞬间在情感和表面上被感知,而事实上正义从未脱离于功利。所有与正义相关的问题就是与功利相关的问题,正义应当是建立在功利之上的正义,而正义唯一的特别之处就在于正义所具有那种特殊的感情即正义感。正义感包含渴望报复的元素,正义感原本不涉及道德问题,仅仅在其受到社会的感化之后才向着善的方向发展。正义原本仅针对自身的侵害进行报复,但是人有同情心同时还有智力,他同情身边受到侵害的人,又在理性的利己概念的影响下,将关怀对象扩展到了社会乃至全体人类。正义与权利相关,拥有某种权利就是可以对某种事物进行支配,人们要想生存就必须保证这种支配的稳定性和安全。如果人们处于那种不安全的状态,即便拥有对事物的支配也会受到无休止的威胁,生存尚且难保何况幸福? 而"坚持给每个人应得之物的原则,即以善报善和以恶制恶,不但是我们业已界定的正义理念中不可分割的一部分,而且也是正义感指向的正确目标,即通过人们的判断坚持将正义建立在纯粹功利的基础上",②由此人们才能保证生存从而追求幸福。

穆勒的《功利主义》一书从功利主义基础原理出发,阐述功利主义的含义,论证功利主义的终极约束力,对功利原理进行证明,最后厘清功利与正义的关系,并在此过程中将那些误解功利主义的观念进行了一一反驳。《功利主义》篇幅不长但是极为细致,阐明了功利主义的思想观点,完成了对功利主义的"自我救赎"。让人们更加详尽明了地了解功利主义,而不至于在那些诋毁和反驳功利者的语境中将功利主义当作低级下流的思想。

---

① [英]约翰·斯图亚特·穆勒:《功利主义》,叶建新译,九州出版社 2006 年版,第 89 页。

② [英]约翰·斯图亚特·穆勒:《功利主义》,叶建新译,九州出版社 2006 年版,第 96 页。

**图书在版编目(CIP)数据**

检察研究. 2020年. 第4辑 / 江苏省人民检察院组织编写. -- 北京 : 法律出版社, 2020
ISBN 978-7-5197-4608-7

Ⅰ. ①检… Ⅱ. ①江… Ⅲ. ①检察机关-工作-中国-文集 Ⅳ. ①D926.3-53

中国版本图书馆CIP数据核字(2020)第093864号

**《检察研究》2020年第4辑**
**《JIANCHA YANJIU》2020 NIAN DI 4 JI**

江苏省人民检察院 组织编写

**责任编辑** 许 睿
**装帧设计** 李 瞻

**出版** 法律出版社
**总发行** 中国法律图书有限公司
**经销** 新华书店
**印刷** 永清县金鑫印刷有限公司
**责任印制** 胡晓雅

**编辑统筹** 司法实务出版分社
**开本** 787毫米×1092毫米 1/16
**印张** 7.75
**字数** 156千
**版本** 2020年12月第1版
**印次** 2020年12月第1次印刷

法律出版社/北京市丰台区莲花池西里7号(100073)
网址/www.lawpress.com.cn
投稿邮箱/info@lawpress.com.cn
举报维权邮箱/jbwq@lawpress.com.cn
销售热线/400-660-8393
咨询电话/010-63939796

中国法律图书有限公司/北京市丰台区莲花池西里7号(100073)
全国各地中法图分、子公司销售电话:
统一销售客服/400-660-8393/6393
第一法律书店/010-83938432/8433
西安分公司/029-85330678
重庆分公司/023-67453036
上海分公司/021-62071639/1636
深圳分公司/0755-83072995

**书号**:ISBN 978-7-5197-4608-7
**定价**:30.00元